oekom

Gefördert aus Mitteln des Kirchlichen
Entwicklungsdienstes durch Brot für die Welt –
Evangelischer Entwicklungsdienst

Klimaneutral
Verlag
ClimatePartner.com/53585-1805-1001

Selbstverpflichtung zum nachhaltigen Publizieren

Nicht nur publizistisch, sondern auch als Unternehmen setzt sich der oekom verlag konsequent für Nachhaltigkeit ein. Bei Ausstattung und Produktion der Publikationen orientieren wir uns an höchsten ökologischen Kriterien. Dieses Buch wurde auf 100 Prozent Recyclingpapier, zertifiziert mit dem FSC-Siegel und dem Blauen Engel (RAL-UZ 14), gedruckt. Alle durch diese Publikation verursachten CO_2-Emissionen werden durch Investitionen in ein Gold-Standard-Projekt kompensiert. Die Mehrkosten hierfür trägt der Verlag.
Mehr Informationen finden Sie unter:
http://www.oekom.de/allgemeine-verlagsinformationen/nachhaltiger-verlag.html

Bibliografische Information der Deutschen Nationalbibliothek:
Die Deutsche Nationalbibliothek verzeichnet diese Publikation in der Deutschen Nationalbibliografie; detaillierte bibliografische Daten sind im Internet über http://dnb.d-nb.de abrufbar.

2. Auflage

Gesellschaft für ökologische Kommunikation mbH,
Waltherstraße 29, 80337 München

Lektorat: Laura Kohlrausch, oekom verlag
Korrektorat: Maike Specht
Umschlaggestaltung: www.buero-jorge-schmidt.de
Umschlagfoto: © Jacob Radloff, oekom verlag
Satz: Ines Swoboda, oekom verlag

Druck: CPI books GmbH, Leck

FSC www.fsc.org RECYCLED Aus Recyclingmaterial FSC® C083411

ISBN 978-3-96238-307-7

Erhard Eppler und Niko Paech

Was Sie da vorhaben, wäre ja eine Revolution …

Ein Streitgespräch
über Wachstum, Politik und
eine Ethik des Genug

*moderiert
von Christiane Grefe*

Inhalt

Kapitel 1

»*Sie waren in meiner Jugend eine Gallionsfigur*«

Zwei Generationen der Ökobewegung blicken zurück – nach vorn

Ein Streitgespräch? Zwischen Erhard Eppler und Niko Paech? Welche Meinungsverschiedenheiten sollten diese beiden Größen der Ökobewegung denn haben? Das werden sich einige Leser fragen, wenn sie dieses Büchlein in die Hand nehmen. Zu Recht: In Epplers Haus hoch über dem mittelalterlichen Kern seiner Heimatstadt Schwäbisch Hall treffen zwei engagierte Vorkämpfer einer ökologischen Wende aufeinander, deren Positionen und öffentliche Rollen auf den ersten Blick ganz nah beieinanderliegen.

Auf der einen Seite des Wohnzimmertischs sitzt der bald 90-jährige, erfahrene, mal leise ironische, mal auch strenge Sozialdemokrat und Intellektuelle, der als einer der ersten Politiker in Deutschland die Dringlichkeit eines Umsteuerns in Richtung Nachhaltigkeit erkannt hat. Als SPD-Mann war er lange Jahre Entwicklungsminister, bis er 1974 wegen politischer Differenzen mit Helmut Schmidt zurücktrat. Danach setzte Eppler, ein Vertrauter Willy Brandts, sein umwelt- und friedenspolitisches Engagement als Vorstandsmitglied der SPD und langjähriger Vorsitzender der Grundwertekommission sowie seines Landesverbandes Baden-Württemberg fort; außerdem in der Anti-Atom- und Friedensbewegung und der evangelischen Kirche. Schon vor mehr als 40 Jahren zog er in seinem Buch »Ende oder Wende« folgenreich programmatische Konsequenzen aus dem Bericht des *Club of Rome* über »Die Grenzen des Wachstums«.

Dessen nüchterne Warnung vor der Endlichkeit der Ressourcen schockierte damals erneut eine Welt, der die Verletzlichkeit des Blauen Planeten erst kurz zuvor mit poetischen Bildern aus dem All vor Augen geführt worden war. Viele haben bei Erhard Eppler, der bis heute immer wieder als »Gewissen der Partei« charakterisiert wird, noch das Bild des Mannes mit Baskenmütze und Windjacke vor Augen, der in Wyhl oder Mutlangen an der Seite von Günter Grass und Heinrich Böll gegen Kernkraftwerke und Atomwaffen demonstrierte. Gerechtigkeit und Frieden, die sozialdemokratischen Kernthemen, waren für ihn nie nur eine Herausforderung im eigenen Land. Sie sollten auch für das Verhältnis zwischen Norden und Süden und für die Verteilung der globalen Ressourcen erstritten werden.

Der Besucher, der ihm gegenübersitzt, ist der Volkswirtschaftler Niko Paech, Jahrgang 1960. Als einer der renommiertesten Verfechter einer Postwachstumsökonomie denkt er Epplers Themen unter heutigen Vorzeichen weiter. Man kann ihn wohl getrost einen Bewunderer nennen, denn Paech wurde in den 70er- und 80er-Jahren auch durch die Gedanken des schwäbischen Friedenspolitikers in seinem Engagement für den Umweltschutz bestärkt. Der Wirtschaftswissenschaftler und Nachhaltigkeitsforscher widmete sich den Umweltthemen lange an der Universität Oldenburg und tut das derzeit als Lehrbeauftragter der Universität Siegen. Außerdem engagiert er sich für den Naturschutz und das globalisierungskritische Netzwerk attac. Besonders sein Buch »Befreiung vom Überfluss« aus dem Jahr 2012 provoziert, teils mit pointierter Polemik gegen hedonistische Lebensstile und mit dem Vorschlag für ein ganz neues, »duales« Modell des Wirtschaftens. In Paechs Vision arbeiten Bürger nur noch zu einem geringen Teil ihrer Lebenszeit als bezahlte Beschäftigte moderner Produktions- oder Dienstleistungsunternehmen. 20 Arbeitsstunden pro Woche: Mehr wird ihnen die Ökonomie saturierter Industrienationen nach Paechs Überzeugung nicht mehr bieten. Denn die heute vorherrschende, verschwenderische Wirtschaft müsse schrumpfen, um den Klimawandel aufzuhalten. Den übrigen Teil der Arbeitszeit verbringe man künftig im »entkommerzialisierten Bereich«. Das heißt: Nachbarn bauen selbst Lebensmittel an oder reparieren langlebige Produkte in Gemeinschaftswerkstätten. Die Werkzeuge werden geteilt, genauso Autos und Wissen. Mit Vorträgen über diese Ideen füllt Paech die Säle.

Auch Erhard Eppler wurde darauf aufmerksam. Andere blicken, wenn sie 90 werden, nur zurück – der Sozialdemokrat mischt sich neugierig ein. 34 Jahre trennen die beiden Vordenker, und wenn sie einander ihre jeweiligen Prägungen, Erfahrungen, politischen Prioritäten und Visionen erzählen, wenn sie über das Bruttoinlandsprodukt und die Energiewende diskutieren, dann fügt sich das zu einer lebendigen Geschichte der deutschen Umweltbewegung – und zugleich zu einer Debatte über den besseren Weg in die Zukunft.

Dabei verbindet Eppler und Paech, wie gesagt, vieles: Beide kritisieren die Fixierung der Wirtschaft auf ein ungebremstes Wirtschaftswachstum. Beide praktizieren selbst, was sie fordern: einen »ressourcenleichten« Lebensstil. Beide sind unbequeme Mahner; Störfälle auch für ihre jeweils eigene »Zunft«. Im einen Falle ist das eine Mainstream-Wirtschaftswissenschaft, die ihre Glaubwürdigkeit in Zeiten der Finanzkrisen noch nicht wieder erringen konnte; im anderen ist es eine SPD, über die Eppler selbst einmal formuliert hat: »Wer zu früh kommt, den bestrafen die Parteifreunde.« Beide fordern heute den Wandel, den Eppler in seinem Buch »Ende oder Wende« schon 1975 postulierte: »… von einem Zeitalter der unbegrenzten Möglichkeiten zu einem der möglichen Begrenzungen, von einem Zeitalter partiellen Überflusses zu einem Zeitalter, wo wir erkennen, was überflüssig ist«.

Doch so nah Eppler und Paech einander bei diesen Überzeugungen auch sein mögen, so weit sind ihre jeweiligen

Generationen und politischen Kulturen voneinander entfernt, wenn es um die »Machbarkeit des Notwendigen« geht; darum, wie man in Zeiten einer globalisierten Weltwirtschaft von der einen Epoche in die andere gelangt. Wer kann eine Nachhaltigkeits(r)evolution durchsetzen? Wie schnell? Wie radikal? Welchen Stellenwert, welche Möglichkeiten und Mittel haben Politik und Parteien?

Der Politiker und der Wissenschaftler haben sich zusammengesetzt, um mit viel Lust an der klärenden Auseinandersetzung über diese Fragen zu diskutieren.

Dabei weisen die Kontroversen, die in ihrem Gespräch aufkommen, über einen spezialisierten, quasi ökointernen Disput zwischen Einzelpersönlichkeiten hinaus. Es geht um die Bedeutung und Handlungsfähigkeit der Politik und ihr Verhältnis zur Zivilgesellschaft – und solche Fragen zu klären ist hochrelevant für eine Demokratie, die gerade immer mehr an Vertrauen verliert und besorgt dem Zerfall ihres Parteiensystems zuschaut.

Überfällig sind die Diskussionen, die Eppler und Paech anstoßen, außerdem in einer Gesellschaft, für die Nachhaltigkeit mittlerweile Konsens geworden ist. »Nachhaltig«, so nennen sich ja heute nicht mehr nur Ökobauern und Fair-Trade-Händler, sondern alle, von den Vereinten Nationen über Konzerne wie Google oder Monsanto bis zum Kleinstadtbürgermeister. Sie mussten nachhaltig werden, als Folge des immensen Problemdrucks, den die Finanz-, Ernährungs-,

Ressourcenkrisen und allem voran die Klimakrise bereits erzeugt haben. Sie wurden es aber auch, weil sich saturierte Ökonomien von grünen Innovationen jetzt neue Wachstumsinspirationen erhoffen.

Aber wie nachhaltig ist dann wer tatsächlich? Wo kein Plakat, kein Werbespot und keine Politikerrede mehr ohne den Begriff auskommt, da wird er auch leicht zum »Plastikwort« (Uwe Pörksen); zu einer Leerformel, deren Bedeutung in scheinbarer Einigkeit verschleiert wird und immer neu errungen werden muss. Wie tief greifend müssen die Gesellschaften sich ändern? Mit welchen Prioritäten, mit welchen Technologien? Wo machen wir, wo machen andere uns etwas vor? Was aber wurde auch erreicht, und wo sind wir zu pessimistisch?

Denn das wird man leicht. Konflikte und Krisen lassen sich nicht mehr verdrängen. Sie erreichen unmittelbar unsere Wohlstandsinseln, von denen sie teilweise ausgegangen sind. Viele der Migranten, die unmenschliche Kriege und Lebensbedingungen zum hochriskanten Aufbruch nach Europa zwingen, fliehen auch vor den Folgen aufgezwungener Entwicklungsmodelle und eines ausgreifenden globalen Wirtschaftssystems. Und sie fliehen schon jetzt vor den Auswirkungen des Klimawandels.

Dabei zeigen sich diese nicht nur weit entfernt im Sahel oder in Bangladesch. Nach nie gekannten sintflutartigen Regenfällen sind kurz vor Niko Paechs Besuch ganz nah bei Schwäbisch Hall die Autos buchstäblich durch die Straßen geschwommen. Wie ein Beleg für seine These, dass die Grenzen des Wachstums längst überschritten sind.

Das Gespräch beginnen die beiden mit einem gemeinsamen Gang durch Epplers Garten. Dort arbeitet er seit jeher täglich ein paar Stunden, ehe er sich an den Schreibtisch setzt. Die Bäume und Beete liegen gleich hinter dem Haus, in dem Eppler schon einmal als Kind gewohnt hat. Er geht voran, zeigt Zucchini, Bohnen, Tomaten, Blumenkohl. Bei seinem Gast gleicht schon das selbst gezogene Gemüse einer politischen Aussage …

Eppler: Diesen Apfelbaum hat noch mein Vater gepflanzt. Und schauen Sie: Dort laufen meine drei Enten. Seit sie unseren Garten bewohnen, haben wir viel weniger Insekten und Schnecken. Dumm ist nur, dass sie auch sehr gerne Salat mögen. Wir mussten alle Beete einzäunen, damit sie nicht ins Gemüse gehen!

Hier im Garten arbeite ich jeden Tag drei bis vier Stunden lang. Und als ich Ihr Buch »Befreiung vom Überfluss« las, Herr Paech, da habe ich mir gedacht: Eigentlich bin ich ja schon sehr nah dran an der Lebensform, die Ihnen für eine Postwachstumsgesellschaft vorschwebt.

Paech: Ihre Genügsamkeit, von der oft die Rede war, habe ich schon als junger Mensch bewundert. Ich bin davon über-

Ihre Genügsamkeit habe ich schon als junger Mann bewundert …

zeugt, dass eine solche Einstellung essenziell ist: Wenn wir aus der Klima- und Ressourcenkrise herauskommen und Emissionen und Verbrauch auf ein verantwortbares Maß verringern wollen, dann müssen wir unsere Ansprüche senken und uns teilweise auch wieder selbst versorgen.

Eppler: Das sehe ich ähnlich, und ich versuche, viel davon in meinem Leben umzusetzen. Meine Frau kocht unser selbst angebautes Gemüse, im Sommer frisch, im Winter aus der Tiefkühltruhe. Ich finde Tofu schmackhafter als die Saitenwurst, und ich verzichte aufs Auto nicht nur wegen meines hohen Alters. Geflogen bin ich seit Jahrzehnten nicht mehr. Nur bei einer Sache bin ich völlig unbrauchbar für Ihr Konzept: Ich bin unfähig, etwas zu reparieren. Was ich zu diesem Zweck in die Hand nehme, das mache ich immer noch schlimmer kaputt!

Paech: Da würden wir beide uns ja toll ergänzen, Herr Eppler. Ich kann nämlich überhaupt nicht gärtnern, bin aber dafür ein absoluter »Fahrradschrauber« – so nennt man bei uns in Norddeutschland einen geschickten Tüftler. In der Werkstatt habe ich richtige Erfolgserlebnisse. Diese Fähigkeit könnte ich Ihnen gut zum Tausch anbieten.

Eppler: In solchen nachbarschaftlichen Tauschbeziehungen sind wir hier auf dem Friedensberg auch schon lange geübt. Willy Brandt hat ja einmal wunderbar formuliert: »Wir wollen ein Volk der guten Nachbarn sein, nach innen und nach außen.« Auf dieser Sozialphilosophie hat Brandt seine gesamte Politik gebaut, national wie international. Dahinter stand der Gedanke: Gute Nachbarn gewinnt man nur, wenn man selbst einer ist. Das gilt für die Welt und für Europa genauso wie für den Ort, an dem man lebt. Einen guten Nachbarn zu haben ist für das gesamte Lebensgefühl ungeheuer wichtig. Ich habe hier wirklich nur gute Nachbarn.

Paech: Diese Beziehungen haben Sie sicher aktiv aufgebaut, gärtnerisch gesprochen: gezogen und gepflegt …

Eppler: Ach, vielleicht haben die ja eher mich gezogen. Es funktioniert jedenfalls gut, und dafür spielt wieder mein Gemüse eine gewisse Rolle. Wenn ich beispielsweise zu viel Spinat habe, dann frage ich einfach über den Gartenzaun rüber: Wollen Sie nicht mein Beet abernten? Ich will mich nun aber hier gar nicht ins gute Licht rücken, sondern eigentlich etwas ganz anderes sagen: Insgesamt habe ich große Sympathien für Ihr Konzept. Aber aus meiner Perspektive

Mich fasziniert die Radikalität Ihres Wirtschaftskonzeptes – und zugleich macht sie mir erhebliche Kopfschmerzen.

erscheint es völlig unrealistisch, eine solche Lebensweise in unserer Gesellschaft größflächig einzuführen. Und dann gibt es noch etwas, das mich an Ihrem Ansatz wirklich stört: Während Sie für diesen Wandel streiten, der die Nische noch lange nicht verlassen wird, bagatellisieren Sie zugleich leider fast alle realistischen Schritte in Richtung Nachhaltigkeit – beispielsweise die Energiewende. Ich habe den Eindruck, Sie lehnen eigentlich alle Zukunftsansätze ab, die gerade praktisch umgesetzt werden, Herr Paech, und die doch eigentlich Ihre Unterstützung brauchen.

Mich fasziniert die Radikalität Ihres Wirtschaftskonzeptes – und zugleich macht sie mir erhebliche Kopfschmerzen. Ich bin nun mal seit 1961 hauptamtlich in der Politik. Das werde ich mir wohl auch nicht mehr abgewöhnen. Und als Politiker fragt man sich immer: Was kann man *jetzt* voranbringen? Was machen die Machtkonstellationen möglich? Da weiß man, dass alles seine Zeit braucht und dass man erst Verschiedenes ausprobiert haben muss, ehe man weiterkommt auf seinem langen Weg zum Ziel.

Paech: Auch mir ist natürlich klar, dass Entwicklungen nur Schritt für Schritt vorankommen, auch die Entwicklung zu der Postwachstumsökonomie, die ich für dringend nötig halte. Aber Sie denken an Mehrheiten, Gesetze, Regularien, politische Gestaltung. Ich hingegen bin der Meinung, dass es auch unterhalb dieser Ebene wirkungsvolle Möglichkeiten der gesellschaftlichen Veränderung gibt. Der Wandel, den ich für notwendig halte, ist ja schon im Werden: in autonomen Bewegungen, kleinen Reallaboren und sozialen Projekten von Menschen, die gegen den Strom schwimmen. Mich interessiert die Kraft, die sich aus solchen gesellschaftlichen Experimenten generieren lässt. Und dieses Interesse hat noch einen anderen Grund: Als wissenschaftlicher Beobachter muss ich leider feststellen, dass die bisherigen, meist technologischen Schritte aus der Politik in Richtung einer nachhaltigen Gesellschaft nichts gebracht haben.

Eppler: Oh doch, Herr Paech, die haben etwas gebracht …

Grefe: Nun sind Sie schon mittendrin in Ihrer Meinungsverschiedenheit über den besseren Weg zur Nachhaltigkeit und die Frage, ob er eher von Politikern oder von der Zivilgesellschaft gewiesen wird. Sie beide verbindet ja eine Rolle als wachstumskritische Mahner, auch wenn der eine sie als Politiker spielt, der andere als Wissenschaftler …

Paech: … und wir verkörpern natürlich auch unterschiedliche Generationen.

Grefe: Deshalb lohnt es sich, zunächst noch einmal in die Zeit zurückzukehren, als die ersten Wachstumsdebatten aufkamen, und sich zu vergegenwärtigen, aufgrund welcher unterschiedlichen Erfahrungen Sie zu Ihrer jeweiligen Perspektive und Ihren Urteilen gekommen sind. Wie wurde damals Ihr Engagement für die Ökologie ausgelöst, Herr Eppler?

Eppler: Ich wäre kein Ökologe geworden, wenn ich – wie ich gehofft hatte – in der ersten Großen Koalition Willy Brandts Staatssekretär im Auswärtigen Amt geworden wäre. Stattdessen machte er mich 1968 zum Entwicklungsminister – und was ich in diesem Amt erlebt habe, hat mein Bewusstsein elementar verändert. Vorher hätte ich, wäre man mir mit Ökologie gekommen, nur mit den Achseln gezuckt. 1974 aber hatte das Thema mich dann wirklich gepackt. Ich war nicht mehr derselbe, nachdem ich in vielen Ländern der Dritten Welt – so nannte man ja damals noch die Entwicklungsländer – die Zerstörung der natürlichen Lebensgrundlagen exemplarisch erlebt hatte.

Ich war nicht mehr derselbe, nachdem ich in vielen Ländern der »Dritten Welt« die Zerstörung der natürlichen Lebensgrundlagen erlebt hatte.

In Marokko habe ich zum Beispiel einmal Kleinbauernprojekte besichtigt. Die Bauern dort erzählten mir, dass ihre Kinder, wenn sie selbstständig werden, immer tiefer in die Berglandschaft hinein die Wälder roden und immer höher die Hänge hinauf ihren Mais anbauen. Bei der großen Kinderzahl reichte ja sonst das Land nicht. Und dann kamen die subtropischen Regenfälle und schwemmten das Erdreich fort. Auf dem Rückflug konnte ich später von oben riesige rote Halbkreise in der Küstenregion erkennen. Das war der Boden, der an den Flussmündungen ins Mittelmeer geschwemmt worden war.

Grefe: Solche Bilder bleiben hängen …

Eppler: Ja, das tun sie. Auch die katastrophale Dürre in der Sahelzone hat mich geprägt. In den 70er-Jahren fiel sie besonders dramatisch aus. Überall lagen die Skelette der Tiere. Und dann stellte sich heraus: Die Entwicklungshilfe hatte zur Ausbreitung der Wüste sogar noch beigetragen. Traditionell konnten die Viehzüchter ihre Tiere nur begrenzt tränken, sie mussten das Wasser mühselig mit Ledereimern aus dem Brunnen ziehen. Damals in den frühen 70ern fühlten sich die Franzosen noch verantwortlich für diese Länder und fragten sich: Wozu gibt es denn Dieselmotoren? Dank dieser Helfer aus Europa wurden also Pumpen betrieben, sodass die Hirten die fünffache Wassermenge aus dem Boden holen konnten – mit dem Ergebnis, das auch die Zahl der Tiere wuchs. Diese großen Herden haben dann natürlich alles abgefressen, als die Dürre kam. So konnte die Wüste widerstandslos vordringen.

Für mich war das eine ganz zentrale Lektion: Menschen können erhebliche Fehler machen, wenn sie in den Naturhaushalt eingreifen, selbst wenn sie das in allerbester Absicht tun. Fortan war ich hellhörig, wo immer so etwas drohte.

Ich habe schon 1972 als Entwicklungsminister jedes unserer Projekte vor dem Start auf seine ökologischen Auswirkungen hin prüfen lassen.

Paech: Sie waren Ihrer Zeit ja wirklich um Jahrzehnte voraus.

Eppler: Allerdings beschränkte sich meine Wachsamkeit zunächst auf die Entwicklungsländer. Da waren die Menschen ja unmittelbar und sichtbar in die Naturhaushalte eingebunden. Wenn ich hingegen mit dem Hubschrauber über Deutschland flog, dann waren doch die Wälder und Wiesen immer so schön grün.

Grefe: Aber auch dort spitzten sich die ökologischen Krisen zu, und wie dramatisch, das erfuhren die Bürger spätestens 1972 aus dem legendären Bericht »Die Grenzen des Wachstums«. Schon damals warnten die Wissenschaftler des *Club of Rome* vor der Endlichkeit von Wasser, Flächen, Erzen, Kohle, Gas und Erdöl für den Fall, dass die Menschen ihre Produktions- und Konsummuster nicht ändern. Wie hat der Bericht Sie als Entwicklungsminister damals beeinflusst?

Eppler: Es mag merkwürdig klingen, aber all diese Grafiken, Kurven und statistischen Daten habe ich zum größten Teil als Bestätigung gelesen. Ich dachte: Aha, du hast also nicht gesponnen mit deinen Sorgen über Bevölkerungswachstum und Ressourcenknappheit. Insofern wirkte der Bericht auf eine absurde Weise beruhigend auf mich. Aber das war nur die eine Seite. Zugleich wurde auch mir deutlich vor Augen geführt: Es gibt nur eine Erde, die man ruinieren kann. Später wurde mir auch klar, dass die Zerstörung bei uns keineswegs geringer ist, sondern nur auf andere Weise betrieben wird. In den reichen Ländern zersiedelten wir die Landschaft und vergifteten Luft, Wasser und Böden. Und auch bei uns beabsichtigten die Menschen bei diesem Tun ja nichts Böses. Sie handelten innerhalb eines bestimmten Wirtschafts- und Wertesystems.

Grefe: Haben Sie den Bericht überhaupt schon wahrgenommen, Herr Paech? Sie waren damals ja erst zwölf Jahre alt …

Paech: So ist es, in dem Alter hat man die Bedeutung dieser Analyse eher emotional wahrgenommen, aber natürlich noch nicht verstanden. Mein Umweltbewusstsein war aber trotzdem schon erwacht, aus anderen Gründen, die direkt vor der Haustür lagen. Ich war seit meiner frühen Kindheit ein begeisterter Angler. Anfang der 70er-Jahre bin ich ständig an der Ems gewesen, in der Jugendgruppe unseres Anglervereins oder zusammen mit meinem Vater. Er war unser Gewässerwart und hatte die Qualität der Flüsse und Bäche zu überwachen. Ich weiß noch, wie mein Vater während der sozialliberalen Koalition immer von Willy Brandt geschwärmt hat.

Brandt wollte ja, dass der Himmel über der Ruhr wieder blau wird und dass im damals chemieverseuchten Rhein irgendwann wieder Fische schwimmen können.

Eppler: Der Himmel über der Ruhr war sogar schon 1961 ein großes Thema, als ich zum ersten Mal als Bundestagskandidat der SPD im Wahlkampf war. Und was ist dann später daraus geworden? Die haben in Nordrhein-Westfalen einfach höhere Kamine gebaut. Der Dreck ist bis hinauf nach Schweden geflogen, und dort gab es dann sauren Regen.

Die Freude an der Naturidylle und das Entsetzen darüber, dass sie einfach zerstört wird, haben mein Umweltbewusstsein geweckt.

Paech: In der Lokalzeitung meiner Heimatstadt Schüttorf – das liegt nahe der holländischen Grenze – wurden in den Siebzigerjahren auch immer wieder Fotos von Fischen veröffentlicht, die vergiftet in der Vechte oder einem ihrer Nebengewässer schwammen. Schüttorf hatte keine 10 000 Einwohner, aber mehrere Textilfabriken. Deren Abwässer haben immer wieder große Schäden angerichtet. Diese Bilder vom Fischsterben haben mich als Zehn-, Elfjährigen absolut geschockt. Sie warfen einen Schatten auf die Schönheit jener Natur, die ich erlebte, wenn ich mit dem Vater loszog, frühmorgens vor Sonnenaufgang, wenn der Nebel noch über dem Wasser lag.

Grefe: Dann hat die Angst vor der vergifteten Idylle Ihr Umweltbewusstsein geweckt?

Paech: Die Freude an dieser Idylle und das Entsetzen darüber, dass sie einfach zerstört wird, ja. Ich wollte meine Flusslandschaft verteidigen und bin deshalb schon als Jugendlicher wie mein Vater zu einem Anwalt der Natur geworden.

Aber es gab noch mehr prägende Erlebnisse, etwa den Protest gegen wahnsinnige Autobahnplanungen. Die A30 und die A31 – der »Ostfriesenspieß« – sollten das gesamte Emsland und Ostfriesland durchstoßen. Diese Naturzerstörung brachte in meiner Gegend viele Menschen in Wallung.

Eppler: Das gab's bei uns in Baden-Württemberg damals auch. Sie können sich gar nicht vorstellen, wie viele Autobahnen unser Ministerpräsident Hans Filbinger geplant hatte. Allein drei sollten quer durch den Schwarzwald führen. Ich habe diese Planungen öffentlich als »mittlere Barbarei« angegriffen. Damals war ich Landesvorsitzender der SPD, und dann wird man ja in den Zeitungen überall zitiert. Die Formulierung hat so gezogen, dass nur noch die Strecke von Würzburg hinunter ins Allgäu fertig gebaut wurde, und die mit unserer Billigung.

Paech: Unser Ostfriesenspieß, die A31, wurde leider doch gebaut. Auch wegen dieser Autobahnen bin ich noch als Schüler in den Widerstand der Umweltbewegung eingestiegen. Und es kamen noch mehr Anlässe hinzu. Unweit meiner Heimatstadt stand beispielsweise eine der zu dieser Zeit größten deutschen Schweinemastanlagen. Die Massentierhaltung ist ja kein neues Problem. Die Tiere wurden auf einem riesigen Fabrikareal gehalten, den extremen Gestank konnte man drei Kilometer weit bis hinüber nach Schüttorf riechen. Um die Anlage rankten sich scheußliche Geschichten. Die Leute erzählten, wie die Schweine mit Lkw-Ladungen von Abfällen gefüttert wurden, in Mengen starben und dann lapidar entsorgt wurden. Auch das hat mich damals erschüttert.

Eppler: Was Sie erzählen, bestätigt meine Theorie über die Entstehung des ökologischen Bewusstseins in Deutschland. Es ist nicht durch Literatur geweckt worden, weder durch meine Bücher noch durch andere. Es wuchs durch die persönlichen Erfahrungen. Auch deshalb hat es sich nicht von oben nach unten durchgesetzt, sondern von unten nach oben. Sogar in den Kirchen war das so.

Grefe: Sie waren ja immer in der evangelischen Kirche aktiv, später zweimal als Kirchentagspräsident …

Eppler: In den Gemeinden waren manche schon umweltpolitisch aktiv, da waren die Kirchenleitungen noch weit davon entfernt, Ökologie als relevant anzusehen. Für den Ratsvorsitzenden der EKD galt ich mit meinen Anschauungen genauso als lächerliche Figur wie für Bundeskanzler Helmut Schmidt. Auch die großen Zeitungen waren alles andere als hilfreich. Das musste alles von unten nach oben durchgesetzt werden.

Paech: Ich sehe es wie Sie: Auslöser waren die persönlichen Erlebnisse. Und ein besonders wirkungsvolles Ereignis für viele war dann sicher die Ölkrise 1973. Da bekam jeder unmittelbar zu spüren, wie abhängig das Leben von den fossilen Ressourcen ist.

Grefe: Damals drosselten die Erdölexporteure ihre Fördermengen, um den Westen als Unterstützer Israels im Jom-Kippur-Krieg unter Druck zu setzen. Mit der Folge, dass alle Energie sparen mussten und es sogar vier »autofreie Sonntage« gab.

Paech: Es war wie ein historisches Ausrufezeichen hinter dem Bericht des *Club of Rome*. Dessen Wirkung wurde durch die Energiekrise enorm verstärkt! Es wurde intensiv darüber diskutiert, welche Konsequenzen daraus gezogen werden mussten, dass das Wachstum nicht grenzenlos weitergehen konnte. Um mitreden zu können, habe ich dann – noch als Schüler – die ganze ökologische Literatur regelrecht aufgesogen.

Eppler: Richtig, in dieser Situation bekamen die Bücher ihre Funktion. Sie machten die Menschen mit ihren persönlichen

Erfahrungen sprachfähig. Das Thema wurde diskutierbar und politisierbar.

Paech: Wir lasen André Gorz' Arbeiten zur Wachstumskrise und seine Kritik der Arbeitsteilung, »Small is Beautiful« von E. F. Schumacher, »Selbstbegrenzung« von Ivan Illich. Und natürlich lasen wir 1975 Ihr Buch »Ende oder Wende«. Sie haben ja damit unglaublich schnell auf den *Club of Rome* reagiert. Das Buch war für uns alle ein Gesprächsthema.

Eppler: Ich habe gestern noch einmal ein bisschen hineingeguckt. Das war damals natürlich ein schwer verdaulicher Brocken …

Paech: Aber Sie wurden damit für uns zu einer Gallionsfigur. Die ganze Ökobewegung – jedenfalls in meiner Generation – hat sehr viel von Ihnen gelernt.

Eppler: Im selben Jahr wie mein Buch erschien »Ein Planet wird geplündert« von Herbert Gruhl. Dessen Auflage war mit weit über 100 000 Exemplaren doppelt so hoch wie meine.

Grefe: Weil es noch ungewöhnlicher war, dass ein Konservativer das Wachstumsmodell anprangerte?

Eppler: Das Buch war auch sehr gut gemacht. Für mich war Herbert Gruhl eine wirklich tragische Figur. Traurig, wie der Mann von seiner Partei als Außenseiter verspottet wurde. Wäre ich CDU-Mitglied, dann hätte ich noch immer ein schlechtes Gewissen. Meine SPD hat mich immerhin ins Präsidium gewählt, obwohl meine Ansichten zur Ökologie auch für sie eine Provokation waren, und ich habe es außerdem zum Landesvorsitzenden in Baden-Württemberg gebracht. In diesem Amt konnte ich auch nach meinem Rücktritt als Entwicklungsminister 1974 die Umweltthemen weiterhin in die SPD einbringen. Ich war der Meinung: Die sind so wichtig, da muss jetzt eine der großen Parteien ran. 1973 wurde ich Vorsitzender der Grundwertekommission beim Parteivorstand der SPD. Dort haben wir auch damals schon den verschwenderischen Lebensstil zum Thema gemacht und gefragt: Was braucht der Mensch eigentlich?

Damals, in den Anfängen der Ökologiebewegung, sagte mir Willy Brandt: »Du, das kann ja noch sehr wichtig werden, mach mal!«

Grefe: Die Grundwertekommission formulierte ein Dilemma, das nach über 40 Jahren noch immer nicht überholt ist: Es gelte, diejenigen ernst zu nehmen, die mehr dem »Weiter so« zuneigten – aber gleichzeitig der Öffentlichkeit klarzumachen, dass dieses »Weiter so« nicht mehr zu verantworten ist.

Eppler: Das war meine Aufgabe, und daran habe ich mit wunderbaren Kollegen auch mein Leben lang gearbeitet. Damals, in den Anfängen, sagte mir Willy Brandt, der Parteivorsitzende: »Du, das kann ja noch sehr wichtig werden, mach mal!« Er hat sich nicht gleich ganz auf unsere Seite geschlagen. Aber dieses »Mach mal« zeigt, dass er die Bedeutung des Themas erkannt hat. Und er gab mir immer Rückendeckung, wenn mich die Kanalarbeiter mal wieder umbringen wollten …

Grefe: Kanalarbeiter – so wurden die konservativen Mitglieder der SPD-Fraktion genannt. Und Herbert Wehner verspottete den Mahner aus Baden-Württemberg in Anspielung auf das protestantische Schwabenland und den tobenden Vietnamkrieg nicht gerade freundlich als »Pietcong« …

Eppler: Das habe ich Wehner längst vergeben. Und die Kanalarbeiter laden mich jedes Jahr zu ihrer Bootsfahrt ein. Aber dafür bin ich jetzt zu alt.

Paech: Für mich waren Sie noch bei einem weiteren prägenden Thema eine Leitfigur: der Anti-Akw-Bewegung. Meine Heimatstadt Schüttorf gehört zum Wahlkreis Lingen, dort sollte nach Emsland 1 schon das zweite Atomkraftwerk gebaut werden. Emsland 2 können Sie von meinem Elternhaus aus sehen, obwohl 20 Kilometer Entfernung dazwischenliegen. Meine Anglerkollegen sagten immer: Da unten in Lingen kann man so schöne große Fische fangen, weil das Kraftwerk die Ems aufgeheizt hat. Die erste Generation der Siedewasserreaktoren brauchte nämlich aufwendige Kühlsysteme, und das warme Abwasser wurde einfach in den Fluss geleitet. Der kleinste Störfall im AKW hätte bedeutet, dass meine ganze Heimat zerstört worden wäre.

Eppler: Ich habe ja schon 1972 in Wyhl die Kritik an der Atomkraft aufgegriffen. Dort an der Schweizer Grenze kam es zu den ersten Bürgerprotesten. Hausfrauen, Krankenschwestern, kaufmännische Angestellte wurden aktiv und vor allem die Bauern und Winzer. Solche Bürgerinitiativen kannte man ja überhaupt noch nicht. Diese Leute haben damit angefangen, dass sie die Atomkraft vor ihrer Haustür verhindern wollten: Hier gibt es so schöne Reben, macht, was ihr wollt, aber bitte nicht hier. Dann haben sie sich aber weit darüber hinaus politisiert und zu der Meinung überzeugen lassen: nicht nur hier nicht, sondern gar nicht. Sie luden auch mich dazu ein, in ihrer »Volkshochschule« zum Thema zu sprechen. Da habe ich leider eine Chance vertan, weil ich mich durch den Begriff habe verwirren lassen: »Volkshochschule« hieß, dass alle Bürger für die Gefahren der Kernenergie sensibilisiert werden sollten. Aber ich hielt einen allzu wissenschaftlichen Vortrag.

Grefe: Zu jener Zeit, während der Kanzlerschaft Helmut Schmidts, war die SPD ja noch voll auf Atomkurs.

Eppler: Wenn eines Tages die Frage gestellt wird, wo die Debatte über die Atomenergie ernsthaft und in einer breiten Öffentlichkeit begann, dann wird man sich an den Juni 1975 erinnern. Damals habe ich in Reutlingen eine große Energiekonferenz anberaumt. Hauptredner war Carl Friedrich von Weizsäcker, der große Physiker, und sein Auftritt war phantastisch! Jeder wusste, dass er den Bundeskanzler berät. Aus Loyalität zu diesem Amt hat von Weizsäcker nicht einen Vortrag gehalten, sondern zwei. Zunächst erklärte er, warum die Atomenergie sein muss. Dann sprach er noch einmal etwa eine Viertelstunde lang in seiner Eigenschaft als Staatsbürger. Auch da hat er noch kein Nein formuliert, keine klare Ablehnung wie später. Aber er äußerte zum ersten Mal kritische Fragen an die Kernenergie. Dieser Widerspruch war natürlich hochspannend! Der Kongress schlug ziemlich hohe Wellen. 1979 hat der Landesverband der SPD in Baden-Württemberg dann den Atomausstieg beschlossen.

Wir waren gemeinsam mit Schleswig-Holstein die umweltpolitischen Vorreiter in der SPD. Dort gab Jochen Steffen den Ton an. Aus seinem Stall kam Reinhard Überhorst, aus meinem kam erst Volker Hauff, dann Hermann Scheer. Wir hatten in unserem CDU-dominierten Bundesland zwar immer wenige Direktwahlkreise erobert. Aber immerhin bekamen wir rund ein Drittel der Stimmen und konnten über die Landesliste unsere besten Leute nach Bonn schicken. Das hat dann vor allem in der Atom- und Energiepolitik langfristig gewirkt. Von den Anti-Atom-Protesten über das erste Einspeisungsgesetz, das Hermann Scheer 1990 sogar noch während der Kanzlerschaft Helmut Kohls aus dem Parlament heraus organisieren konnte, bis zum Ausstiegsbeschluss des Jahres 2000 in der rot-grünen Koalition.

Grefe: Und wie hat Ihre Anwaltschaft für die Natur Ihren Lebensweg weiter beeinflusst, Herr Paech?

Paech: Ich wollte eigentlich Biologie studieren, um besser zum Schutz der Natur beitragen zu können. Aber einige Bekannte, deren Meinung ich schätzte, haben gesagt: Du musst dich in Wirtschaft einschreiben, nur dann verstehst du wirklich, was hier schief läuft. Das habe ich dann auch gemacht. Im Studium habe ich mich unter anderem mit der Frage befasst, wie die Wirtschaftswissenschaften das Spannungsfeld zwischen Ökologie und Wachstum behandeln. Dabei lernte ich die Theoretiker der Wachstumskritik kennen: Herman Daly mit seiner Steady State Economy zum Beispiel oder den Niederländer Roefie Hueting. Die sind beide ungefähr in Ihrem Alter, Herr Eppler, und werden heute auch wieder viel gelesen.

Nur wenn du Wirtschaft studierst, verstehst du wirklich, was hier schief läuft.

Fast noch stärker als meine Arbeit an der Hochschule hat mich aber mein gesellschaftliches Engagement geprägt. Ich war erst beim BUND, dann beim Naturschutzbund Deutschland und 1990 auch eineinhalb Jahre lang bei den Grünen. Damals ging es darum, die Regierung Albrecht in Niedersachsen abzuwählen und eine rot-grüne Regierung zu stellen. Das hat ja auch geklappt – wenn auch nicht für mich persönlich: Ich war damals Landtagskandidat der Grünen und trat mit 29 Jahren gegen den Umweltminister der CDU an, der in seinem Wahlkreis unschlagbar war. Der hat mir irgendwann mit einer Klage gedroht, weil ich ihn so attackiert habe.

Grefe: Wie haben Sie, Herr Eppler, die Gründung der Grünen erlebt?

Eppler: Die haben mich ja die Karriere gekostet! Ich bin 1980 als Fraktionsvorsitzender im Stuttgarter Landtag zurückgetreten, nachdem die Grünen mit 5,6 Prozent in den Landtag gekommen waren. Der SPD hatte die neue Partei zwar nur 0,8 Prozent abgenommen, bei einem insgesamt mäßigen Ergebnis von 32,5 Prozent, während die CDU über drei Prozent verloren hatte. SPD und Grüne zusammen hatten so viele Stimmen bekommen wie die SPD in Baden-Württemberg nie allein. Die grüne Partei hatte also ganz neue Bevölkerungsgruppen dazugewonnen. Übrigens: Der heutige grüne Ministerpräsident Winfried Kretschmann weiß auch, auf welchen Schultern er steht und dass wir Sozialdemokraten die Gesellschaft als Erste ökologisch sensibilisiert haben.

Grefe: Warum sind Sie dann zurückgetreten?

Eppler: Weil einfach der Widerstand zu groß geworden war.

Paech: Als Atom-/Wachstumskritiker waren Sie ein Störfall …

Eppler: … für die Wirtschaft und für die eigene Partei. Erst später habe ich erfahren, wie weit das gegangen ist. Beispielsweise, als 1982 der Parteispendenskandal in der CDU enthüllt wurde. Da beschrieb ja der Spiegel, wie der Geschäftsführer der Flick AG, Eberhard von Brauchitsch, hohe Summen zur politischen »Landschaftspflege« verteilt hatte. In den Listen standen auch 40 000 Mark »wg. Eppler«. Vor dem Untersuchungsausschuss zur Flick-Affäre hat dazu ein Manager erklärt: »wegen« könne natürlich auch »gegen« heißen, also »zur Bekämpfung von«. Und bekämpft wurde ich nun wirklich. Selbst in meiner eigenen Landtagsfraktion. Ein knappes Fünftel ihrer Mitglieder arbeitete mit vier Fünfteln der Presse in Baden-Württemberg zusammen. In diesem Wahlkampf hatten die Zeitungen jeden Morgen Stoff für eine neue Gemeinheit. Manchmal kam der Stoff auch aus dem Bonner Kanzleramt. Das konnte so nicht weitergehen, also trat ich zurück.

Grefe: Waren Sie enttäuscht darüber, dass damals wegen der Atom-, der Wachstumspolitik und der NATO-Nachrüstung viele Parteigenossen in die junge Öko-Partei abgewandert sind?

Eppler: Nein, das verstand ich nur zu gut. Die hatten ja recht. Aber für die SPD war es eine Gefahr.

Grefe: Haben Sie einmal überlegt, ebenfalls die Partei zu wechseln?

Eppler: Nein, nie. Zum einen hat mich die Art gestört, wie die Grünen anfangs miteinander umgegangen sind. Deren Diskussionskultur war ja unglaublich. Zu Zeiten von Basisdemokratie und Rotationsprinzip wurde jeder niedergemacht, den sie für einen »Promi« hielten. Da habe ich gedacht: Das tust du dir nicht an. Das war das Schlimmste, was seit 1949 an politischer Kultur geboten wurde.

Die Gründung der Grünen löste damals bei uns nur eines aus: Begeisterung!

Paech: Diese Zerfleischungskultur der 80er-Jahre gibt es natürlich schon lange nicht mehr. Aber auch ich werde das Bild von der Parteigründung nicht vergessen: die Friedensbewegte Petra Kelly, der bizarre Ökolandwirt Baldur Springmann, der katholische Rebell Carl Amery, der Sozialdemokrat Otto Schily, der sozialistische Rainer Trampert … Diese Palette unterschiedlicher Herkünfte konnte nur dazu führen, dass man sich gegenseitig angriff. Bei mir und meinen Naturschutzfreunden löste die Gründung der Grünen dennoch nur eines aus: Begeisterung. Als es in Schüttorf 1978 mal wieder ein großes Treffen der Autobahngegner wegen des Ostfriesenspießes gab, verteilten am Ende der Veranstaltung einige Leute kleine Faltblätter, darauf lasen wir überrascht die Buchstaben »GLU«. Das stand für Grüne Liste Umweltschutz, die grüne Vorläuferpartei in Niedersachsen. »Endlich!«, dachte ich. Endlich verleiht eine Partei den grünen Belangen die angemessene Bedeutung. Am Wahlabend 1980 saß ich dann mit meinem Freund Friedbert an einem großen Kiessee. Friedbert hatte einen Käfer mit Autoradio, das er laut aufgedreht hatte, um den Wahlabend zu verfolgen. Ich weiß noch, wie er die Angelroute fallen ließ, als die ersten Hochrechnungen kamen. Wie er in die Luft sprang und rief: »Ich fasse es nicht, Otto Schily und die Grünen sind im Bundestag!«

Eppler: Ich bin ja bis heute den Grünen gegenüber sehr kritisch, besonders wegen ihrer Außenpolitik. Für die meisten ihrer Repräsentanten ist das eine Art verlängerte Innenpolitik. Wenn man in Russland etwas gegen die Homosexuellen hat – man bedenke, dass bestimmte Formen der Homosexualität auch in unserem Land noch bis 1994 unter Strafe standen –, dann wird das als außenpolitisches Argument in den Vordergrund geschoben. Oder als die Ukrainer »Demokratie« gerufen haben, war man gleich auf ihrer Seite – und übersah das hasserfüllte politische Chaos, das dort herrschte. Die Grünen sind für Außenpolitik unbrauchbar, trotz Joschka Fischer.

Grefe: Was Sie beide erzählen, erinnert daran, dass die Nachhaltigkeitsthemen, mit denen heute gerungen wird, alle schon in den 70ern da waren: von den Grenzen des Wachstums über die Landbewirtschaftung und die Frage nach den Grundbedürfnissen des Menschen bis zu alternativen Produktions- und Lebensformen. Warum sind wir dann heute nicht schon weiter?

Die marktradikale Welle hat alles weggeschwemmt, was in Sachen Ökologie erreicht worden war.

Eppler: Weil die marktradikale Welle alles weggeschwemmt hat. Das war eine historische Zäsur. Eigentlich begann das bereits bei Helmut Schmidt. Nach der Ölkrise versuchte er mit keynesianischen Mitteln, die Wirtschaft wieder in Schwung zu bringen. Willy Brandt und ich dachten die Krise der fossilen Ressourcen mit den Grenzen des Wachstums zusammen. Ich wollte eine neue Energiepolitik. Schmidt hatte nur die Auswirkungen auf die Konjunktur im Blick.

Paech: Er hat ja deshalb von 1977 bis 1979 ein voluminöses Ausgabenprogramm mit mehreren Milliarden Mark Investitionen gestartet, ein klassisches keynesianisches Investitionsprojekt. Aber dieses Programm hatte doch durchaus ökologische Akzente. Da wurden auch Kläranlagen finanziert oder Programme für eine weniger giftige Abfallwirtschaft. War das nicht schon ein erster Versuch, grünes Wachstum zu erzeugen? Manche Sozialdemokraten haben sich jedenfalls später damit gebrüstet.

Eppler: Kläranlagen gab es schon, als Ökologie noch ein Fremdwort war. Da griffen die »Macher« zu.

Grefe: So lautete das Schlagwort, mit dem Schmidt-Anhänger ihre Tatkraft gegen die Willy Brandt-Anhänger mit ihren grundsätzlicheren Ideen ins Feld führten.

Paech: Das Ganze ging ja unter anderem deshalb schlecht aus, weil 1979 die zweite Energiekrise kam. Aber womöglich hätte es dann ohne Schmidts Konjunkturprogramm nicht nur eine Million Arbeitslose gegeben, sondern 1,5 Millionen. Und Schmidt wurde genau dafür auch geliebt: dass er versucht hat, die deutsche Wirtschaft, die an einem Punkt der Stagnation angekommen war, wieder zum Wachsen zu bringen.

Eppler: Das ist richtig. Aber mir geht es darum zu zeigen, dass die Keynesianer damals alle über die reine Reparatur hinausreichenden ökologischen Überlegungen zurückgedrängt haben. Später stellte man fest: Große Wachstumsschübe waren auch mit Keynes nicht mehr zu machen. So kamen die Marktradikalen, in den USA mit Ronald Reagan und in England mit Maggy Thatcher. Und die haben gesagt: Leute, der

Staat muss nur die Finger von den Märkten lassen und ihre Energien entfesseln, dann läuft das ganz von selbst mit dem Wirtschaftswachstum.

Paech: Ich kritisiere den Neoliberalismus und die bis heute vorherrschende Dominanz des Marktradikalismus genau wie Sie, Herr Eppler. Das war verheerend. Wir müssen aber natürlich ehrlicherweise sagen: Die freien Finanzmärkte hat auch die Schröder-Regierung mit bedient …

Eppler: Darüber mag ich gar nicht reden, wer dafür alles mit verantwortlich war.

Grefe: Die Frage ist aber schon noch einmal spannend: Wie konnte dieses Denken auch in der Sozialdemokratie so sehr Platz greifen? Einer Partei, die stets mit einem starken Staat gestalten wollte?

Eppler: Am Anfang standen die Medien. Das war der Rammbock, mit dem die Marktradikalen in Deutschland durchkamen. Wenn man zu rot-grünen Zeiten die Zeitungen las, dann stand da nur noch die Geschichte vom kranken Mann Europas. Die Deutschen hatten angeblich mehr Arbeitslosigkeit als andere, weniger Wachstum, höhere Schulden. Die FDP versprach Steuersenkungen, und Gerhard Schröder konnte sich ausrechnen, dass er die nächste Wahl klar verlieren wird.

Ich hatte immer guten Kontakt zu ihm, und man kann ihm alles Mögliche vorwerfen, aber nicht, dass er keinen Mut hat. Er hat sich dann gesagt: Erledigt bin ich in jedem Fall, auch wenn ich nichts mache. Schröder wollte natürlich nicht den Sozialstaat abschaffen. Aber er wollte ihn durch Veränderung über die schwierige Periode hinwegretten. Und dabei hat er zwei große Fehler gemacht. Der erste war, Wolfgang Clement zum Wirtschafts- und Arbeitsminister zu berufen. Das hat dazu geführt, dass bei den Verhandlungen um die Agenda 2010 die Korrekturfunktion entfiel, die Arbeitsminister wie Katzer, Arndt oder Blüm davor stets ausgeübt hatten. Das waren ja alles gewerkschaftlich geprägte Leute. Ihr Haus war darauf getrimmt zu prüfen: Was bedeuten Entscheidungen für den einzelnen Arbeitnehmer? Dafür war Clement der falsche Mann, er war zuerst und vor allem Wirtschaftsminister.

Der zweite Fehler war, Bodo Hombach ins Kanzleramt zu holen. Das ist ein politisch völlig beliebiger Manager. Er hat zum Beispiel das Schröder-Blair-Papier inszeniert, das im Grunde eine Absage an staatliche Gestaltungsmacht bedeutete. Ich glaube, Gerhard Schröder hat das gar nicht richtig gelesen. Als das herauskam, haben Jochen Vogel und ich dem Kanzler bei einem Abendessen klargemacht, dass das so nicht geht … Danach hat er sich öffentlich nicht mehr darauf bezogen.

Man muss aber auch sagen: Generell war in dieser Zeit jeder, der an Wachstum geglaubt hat, für die Marktradikalen empfänglich.

Paech: Ich habe eine etwas differenziertere Sicht der Dinge. Zunächst dürfen wir nicht herunterspielen, wie sehr der Keynesianismus schon in den 70er-Jahren gescheitert ist. Alle Regierungen in Europa, die das Wachstumsmodell mit großen Ausgabenprogrammen zu retten versucht hatten, waren hoch verschuldet, und die Arbeitslosigkeit nahm dennoch immens zu. Diese Probleme haben den Umschwung leicht gemacht. Schon Helmut Schmidt hat ihn ja teilweise mit vollzogen. Sein letztes Reformvorhaben vor der Abwahl, die sogenannte Operation 82, war bereits ein vorsichtiges Zugeständnis an die Wirtschaftsliberalen.

Eppler: Nachdem ihn der »Marktgraf« Lambsdorff mit nun wirklich marktradikalen Ideen öffentlich unter Druck gesetzt hatte.

Paech: Klar, die FDP wurde seit Anfang der 70er-Jahre zusehends marktradikal. Der zweite Grund für den globalen Durchbruch der Neoliberalen ist natürlich, dass der Eiserne Vorhang gefallen war.

Eppler: Richtig, das brachte den Marktradikalismus vor allem in Deutschland erst in Schwung. Die Kommunisten hatten den Markt durch Politik ersetzen wollen. Jetzt drehte man die Sache um – und ersetzte die Politik durch den Markt.

Paech: Es gab nun keinerlei Konkurrenz mehr, kein ideologisches Korrektiv. Außerdem wurde – besonders auch von Linken und Gewerkschaftern – jede Wirtschaftspolitik immer unter den Vorbehalt einer Steigerung materiellen Wohlstands gestellt. Wer auf dieser Ebene mit den Marktradikalen konkurriert, statt den Mut zu haben, über alternative Wohlstandskonzepte zu reden, muss sich nicht wundern, wenn die Wähler das neoliberale Original überzeugender finden. Sogar die Grünen sind in diesem öffentlichen Klima eingeknickt und machten sich schnell klar: Wir erreichen mehr, wenn wir nicht mehr über verantwortbare Lebensstile und Genügsamkeit reden, sondern über grünes Wachstum. Statt zu regulieren und Grenzen zu setzen, schien es attraktiver, ökologische Produkte und Technologien zu propagieren, um die Leute mit einer grünen Konsumgesellschaft zu verführen.

Sogar die Grünen sind in dem öffentlichen Klima, das der Neoliberalismus erzeugt hatte, eingeknickt.

Grefe: Standen die Grünen damals nicht auch unter massivem öffentlichen Druck? In den Feuilletons wurde über die schlecht gelaunten Typen in ihren Jutesäcken gespottet, die lustfeindlichen, »politisch korrekten« Konsumkritiker …

Paech: Die Linke hat sich genauso aufgeregt über die Ökos. Die wollte den sauberen Keynesianismus.

Grefe: Auf zwei Ebenen aber hat die Ökologiepolitik überlebt: bei den Vereinten Nationen mit dem Erdgipfel in Rio und vielen anderen Prozessen und in der globalisierungskritischen Bewegung seit Beginn des Jahrtausends.

Paech: Das Unbehagen an einer marktradikalen Politik ließ ja gar keine andere Reaktion zu, als zu schauen, ob man auch unterhalb des Wirkungsbereichs der Politik die Gesellschaft in die existenziell wichtige Richtung verändern kann. Mit attac kamen ganz neue Bewegungen auf, die sich jedoch teilweise von der Ökologiebewegung abgesetzt haben. So hat sich seit den späten 90er-Jahren mit den NGOs und unterschiedlichsten Netzwerken eine weitere Ebene zwischen der individuellen und der parlamentarisch-politischen entwickelt. Insofern war der Marktradikalismus Wasser auf die Mühlen einer aktiven Zivilgesellschaft – wenngleich äußerst zwiespältig im Spannungsfeld zwischen ökologischen und sozial emanzipatorischen Zielen.

Grefe: Dann kamen die großen Krisen: die Ernährungskrise 2006/07, die nicht zuletzt eine Folge des hohen Ölpreises war, dann die Finanzkrise 2007/08. Die brachten das große Erwachen.

Eppler: Und da kamen viele Gedanken und Postulate aus den 70er-Jahren wieder auf. Die Bankenkrise hatte ja nun endgültig und exemplarisch die Behauptung widerlegt, dass sich der Markt am besten selbst zu steuern vermag. Es hat mich richtig überrascht, wie man nun das, was man selbst schon vor 40 Jahren gedacht hat, plötzlich als neue Erkenntnis vorgetragen bekam. Zum Beispiel wurde ja einige Jahre später, 2013, dieser Bericht der Enquetekommission des Deutschen Bundestages »Wachstum, Wohlstand, Lebensqualität« veröffentlicht. Als ich den las, dachte ich, offen gesagt, schon: Na ja, was die über Lebensqualität zu sagen haben, das hat aber ein deutlich geringeres Niveau als das, was Willy Brandt auf dem Parteitag 1972 in Dortmund formuliert hat. Drei lange Jahrzehnte haben wir durch die marktradikale Welle verloren.

Und ganz ausgerollt ist sie im Grunde noch immer nicht. Denn es hat sich neben der Rückkehr zu den Nachhaltigkeitsdebatten nach der Bankenkrise auch das Allererstaunlichste ergeben: Den Apologeten des Marktes ist es gelungen, die öffentliche Wahrnehmung so zu lenken, dass sie nur noch die Staatshaushalte ins Visier nimmt – aber nicht etwa die Banken und Finanzhasardeure. Möglich wurde ihnen das, weil die Staaten die Banken ja stützen mussten, sodass die Staatsverschuldung erst recht übergebordet ist. Auf diese Weise wird nun ein totales Marktversagen zu einem Staatsversagen erklärt.

Paech: Das ist tatsächlich eine Ironie der Geschichte: dass die Marktradikalen mit ihrem großen Einfluss plötzlich einen Auftritt des Staates provozieren, der alles in den Schatten stellt, was sich Keynesianer jemals hätten ausdenken können. Die Rettungsaktionen zugunsten riesenhafter Unternehmen verhöhnen jedes marktwirtschaftliche Verständnis. Denn es werden Gewinne privat eingestrichen – und die Folgen unverantwortbarer Risiken, welche diese Unternehmen eingegangen sind, der Allgemeinheit aufgedrückt. Das ist eine Pervertierung des Verursacherprinzips.

Eppler: Aus einem linken Thema wurde ein rechtes gemacht. Ich habe damals einen Kommentar in der Süddeutschen Zeitung geschrieben mit dem Titel: »Durch Versagen zur Macht«. Denn Konzerne, Finanzindustrie und Konservative waren nach der Finanzkrise alle mächtiger als vorher.

Paech: Aber zugleich haben die Krisen von 2007/08 bei vielen Menschen wieder ein offenes Ohr für alternative Entwürfe geweckt. Sonst säße ich jetzt nicht hier. Ich erlebe ja bei Vorträgen, in den Medien und an Hochschulen die höhere Aufmerksamkeit für Wachstumskritik und Postwachstumsökonomie aus erster Hand. Trotzdem bin natürlich auch ich befremdet darüber, dass Politik und Wirtschaft einfach so weitermachen wie vorher. Das gelang auch, weil man gesagt hat: Das war nur ein Versagen der Finanzmärkte, aber auf den Gütermärkten ist alles o. k. So haben sich die Wachstumsideologen herausgerettet – aber Geld ist nie neutral, weil Finanzkrisen die Realwirtschaft mitreißen und weil, gemäß der vorherrschenden ökonomischen Logik zu deren Verhinderung ständig unbändiges Wirtschaftswachstum nötig ist.

Daran, dass es auf die Finanz- und Bankenkrisekeinetiefergreifendenpolitischen Reaktionen gab, kann man nach meinem Eindruck auch erkennen, wie sich die Kultur der modernen Staaten verändert hat. Menschen sind so abhängig geworden von einem bestimmten Wohlstandsmodell, dass sie aus Angst, es womöglich aufgeben zu müssen, jede politische Kröte schlu-cken und letzten Endes alles akzeptieren, was am glaubwürdigsten Wachstum verspricht – wenn's sein muss, eben auch die Marktradikalen.

> *Ob wir die ökologischen Probleme eher durch einen kulturellen oder durch einen technischen Wandel lösen – Die Frage hat mit dem Marktradikalismus nichts zu tun.*

Allerdings: Die Frage, ob wir die ökologischen Probleme eher durch einen kulturellen oder durch einen technischen Wandel lösen, ob wir eher wachstumskritisch vorgehen müs-sen oder mit einer grünen Wachstumsstrategie, hat für mich letztlich mit dem Marktradikalismus nichts zu tun. Die Wachstums- und damit unvermeidlich auch die Lebensstildiskussion wurde von der linken Politik genauso gemieden wie von der angebotsorientierten oder marktradikalen.

Eppler: Aber die Marktradikalen haben diese überaus wichtige Debatte abreißen lassen. Für die war das alles überflüssig. Es ist offenbar so: Alle Dinge haben ihre Zeit. Ich habe schon in den 70er-Jahren gemeint, dass die Zeit der Ökologie bereits gekommen sei. Und dann kam ein Kanzler und sagte: Das sind alles Spinner. Das ist eine Marotte gelangweilter Mittelstandsdamen. Die Formulierung war gut.

Grefe: Haben Sie eigentlich je bereut, dass Sie damals als Entwicklungsminister zurückgetreten sind? Vielleicht auch, weil Sie sonst in den Folgejahren womöglich doch mehr Einfluss gehabt hätten?

Eppler: Nein. Wenn man in einem Kabinett den Kanzler gegen sich hat und den Finanzminister auch, dann hat man keine Chance. Ich bin ja zurückgetreten, weil man mir meinen Haushalt gekürzt hat. Wenige Wochen darauf gab es auf Schloss Gymnich eine große Kabinettsklausur, und da wurde auch jenseits der Entwicklungspolitik immer mehr weggestrichen, was mit Ökologie zu tun hatte. Wäre ich noch dabei gewesen, dann hätte ich spätestens dort gesagt: Nett, liebe Freunde – aber nicht mit mir.

Grefe: Von Helmut Kohl konnte man aber dann lernen, dass man Probleme erfolgreich aussitzen und die nächste Gelegenheit abwarten kann.

Eppler: Mit Helmut Schmidt war damals aber wirklich keine Politik möglich, die ich für verantwortbar gehalten hätte. Das habe ich ja ganz konkret erlebt. Sie müssen sich das einmal vorstellen: Da gab es 1974 einen Vorstoß des UN-Generalsekretärs, die Ölländer bei der Entwicklungsfinanzierung ins Obligo zu bringen. Er hatte einen Plan über drei Milliarden Dollar aufgestellt. Das war damals noch deutlich mehr Geld als heute. Die eine Hälfte sollte aus den Industrieländern kommen, die andere aus der OPEC. Innerhalb der westlichen Länder sollten die USA und die EG je ein Drittel übernehmen und alle Übrigen das letzte Drittel. Die Ölländer sagten sofort: Wenn die Industrienationen mitmachen, sind wir dabei. Die Amerikaner sagten: Wenn die Europäer einschlagen, machen wir auch mit. Bei diesen Verhandlungen hatte ich den Vorsitz, denn 1974 war die Bundesrepublik in der Europäischen Gemeinschaft federführend. Ehe ich nach Luxemburg reiste, hatten mir aber Helmut Schmidt und der damalige Finanzminister Hans Apel regelrecht verboten zuzustimmen.

Grefe: Um zu sparen? Oder wollten Schmidt und Apel es sich nicht mit den Öllieferstaaten verderben?

Eppler: Entwicklungshilfe war einfach Hekuba für die beiden, genauso wie Ökologie. Ich musste dann als Vorsitzender wie der Dorfrichter Adam versuchen zu verbergen, wer den Krug zerbrochen hatte. Ich habe also die deutsche Delegation erst ganz am Schluss aufgerufen, weil ich dachte: Irgendeine andere Regierung wird schon vorher noch streiken. Tat aber keine. Also habe ich die Sitzung unterbrochen, um in Bonn anzurufen. Dort hieß es nur: Der Kanzler hat entschieden. Dabei wurde durch ihn ja das ganze Projekt blockiert! Das habe ich Helmut Schmidt noch einmal erklärt und ihn gewarnt: Die Weltöffentlichkeit wird das registrieren. Er antwortete: Und die deutsche Öffentlichkeit wird es uns danken. Da wusste ich endgültig: Hier bist du in der falschen Gesellschaft.

Paech: Solche Details habe ich damals gar nicht mitgekriegt. Für meine Generation, jedenfalls für diejenigen, die sich bereits für Ökologie und globale Gerechtigkeit interessiert haben, waren Sie immer der Hoffnungsschimmer. Die Grünen hätte man nicht zu gründen brauchen, hätte es genug Epplers in der SPD gegeben. Sie waren Ihrer Zeit immer voraus.

Eppler: Mein Konflikt mit Helmut Schmidt über die Umweltfragen war ja schon von Anfang an virulent. An Weihnachten 1971 rief mich der damalige Chef der Gewerkschaft IG Metall an, Otto Brenner. Er lud mich nach Oberhausen ein zu einer großen internationalen Tagung über Lebensqualität. Darauf ist die IG Metall heute noch stolz. Der Kongress wurde in Anwesenheit des Bundespräsidenten Gustav Heinemann eröffnet, und ich dachte: Wenn jetzt schon eine Gewerkschaft wie die IG Metall über Lebensqualität und

Ökologie redet, dann muss das ja ziemlich schnell vorwärtsgehen. Was für ein Irrtum! Kurz nach Oberhausen starb Brenner, und als sein Nachfolger kam Eugen Loderer. Der wurde dann ein fester Verbündeter des Bundeskanzlers. Helmut Schmidt hat ja eigentlich weniger mit der Partei regiert als mit einem halben Dutzend Gewerkschaftsvorsitzenden. Mit denen sprach er alles ab. Er war der Meinung: Wenn ich die Gewerkschaften habe, dann können mir die Spinner aus der Partei gestohlen bleiben.

Grefe: Haben Sie später noch einmal mit Helmut Schmidt über diese Konflikte gesprochen?

Eppler: Nein, das war nicht seine Art. Nicht dass Sie mich falsch verstehen: Ich bin da ohne Groll, und Helmut Schmidt war natürlich ein Mann, der Respekt verdiente. Er hätte fast alle Ressorts einer Regierung leiten können, weil er auf vielen Gebieten beschlagen war. Er verstand etwas von Sozialpolitik, Finanzen, Wirtschaft und Außenpolitik. Aber es gab zwei Dinge, die ihn absolut nicht interessierten. Das eine war die Ökologie, das andere war die Dritte Welt. Genau diese beiden Dinge waren mir wichtig. Da musste es krachen.

Es gab zwei Dinge, die Helmut Schmidt absolut nicht interessierten: Ökologie und die Dritte Welt. Genau diese beiden Dinge waren mir wichtig. Da musste es krachen.

Grefe: Trotz Keynes und Marktradikalismus muss man aber auch sagen: Es ist ja unterhalb dieses großen politischen Trends trotzdem eine Menge passiert. Es gibt heute Biodiversitätsabkommen und nachhaltige Entwicklungsziele, es gibt nach jahrzehntelangem Ringen die Pariser Klimaschutzbeschlüsse der UN, es gibt die Energiewende in Deutschland.

Paech: Das alles war möglich durch den Kompromiss mit der Wachstumsstrategie. Mehr und mehr setzte sich die Überzeugung durch: Es muss eine Möglichkeit geben, über technischen Fortschritt oder die Konzentration auf die »richtigen« Märkte die Wirtschaft weiter wachsen lassen zu können, ohne unsere Lebensgrundlagen zu zerstören. Diese Position habe auch ich lange vertreten. Sie war über die Jahrzehnte allmählich gewachsen: In den 80ern erschien der Brundtland-Report »Our Common Future«, der die Ökologiefrage als entwicklungspolitische Herausforderung festschrieb. 1992 kam der »Erdgipfel« von Rio de Janeiro und danach die Euphorie, dass man das alles in Agenda-21-Prozessen auf kommunaler Ebene in die Praxis umsetzen könne. In den 90er-Jahren wuchs dann die Hoffnung noch mehr, dass technische Fortschritte eine ökologische Modernisierung möglich machen. Hermann Scheer trieb die erneuerbaren Energien voran, Ernst Ulrich von Weizsäcker und andere die Effizienzwende beim Energie- und Ressourcenverbrauch. So glaubte auch ich langsam – nachdem ich zuvor stets wachstumskritisch argumentiert hatte –, dass man Ökologie und Ökonomie mithilfe all dieser neuen Technologien aussöhnen und zugleich unser Wohlstandsmodell mehr oder weniger beibehalten könne. Dafür habe ich mich zum Beispiel in Oldenburg als Beauftragter für die Agenda 21 engagiert. Ich moderierte sogar fast ein Jahrzehnt lang ein Magazin im Lokalfernsehen, in dem es um Klimaschutz im Gebäudesektor ging – ohne laut die Frage zu stellen, ob Nachhaltigkeit mit Wirtschaftswachstum vereinbar ist.

Mitte der Nullerjahre konnte, wer ehrlich Bilanz gezogen hat, nur zu dem Ergebnis kommen: Wir haben nichts erreicht.

Aber Mitte der Nullerjahre kam dann nicht nur bei mir Katerstimmung auf. Wer ehrlich Bilanz gezogen hat, konnte nur zum Ergebnis kommen: Wir haben nichts erreicht. Die Ökosphäre stirbt immer schneller, während gleichzeitig ständig neue Nachhaltigkeitsfortschritte gefeiert werden. Daraufhin bin ich zur Wachstumskritik der 70er-Jahre zurückgehrt. Seither ist die Postwachstumsökonomie mein prägendes Thema.

Kapitel 2

»*Eine Zahl kann doch nicht Ziel der Politik sein*«

Grüner wachsen versus schrumpfen – und warum wir eine neue Verteilungspolitik brauchen

Grefe: Mit der Rückbesinnung auf die Wachstumskritik stehen Sie nicht allein, Herr Paech. Seit ein paar Jahren ist die Frage nach den Grenzen des Wachstums wieder stärker in den Mittelpunkt der politischen Debatten gerückt. Ein Grund dafür ist, dass neben den Folgen des Klimawandels auch die Ressourcenkrise immer stärker sichtbar wird. Jedes Jahr liegt der »Erdüberlastungstag«, an dem die Menschheit ihr ökologieverträgliches Quantum an Wasser, Boden und Mineralien für ein Jahr verbraucht hat, ein paar Tage früher – inzwischen schon im August. Daher die Frage an Sie beide: Ist der Schlüssel zur nachhaltigen Entwicklung tatsächlich, dass unsere Wirtschaft schrumpfen muss? Oder ist das zu riskant?

Eppler: Ich habe den Fokus auf das BIP schon immer als äußerst fragwürdig und irrelevant angesehen. Herr Paech, Sie wissen, auch ich gehöre zu den Kritikern des Wachstums. Trotzdem frage ich mich bei Ihnen immer wieder: Überschätzen Sie nicht das Wirtschaftswachstum als bezeichnende Größe für ökologischen Fortschritt oder ökologisches Versagen? Für mich ist dieses Bruttoinlandsprodukt (BIP) nicht mehr als eine Zahl; eine Summe aus statistischen Erhebungen, die alles Mögliche enthalten können, jenseits aller kurz- oder langfristigen politischen Ziele. Wir entwickeln uns zum Beispiel immer mehr zu einer Wissens- und Dienstleistungsgesellschaft. Nehmen Sie als Beispiel so einen alten Knochen wie mich oder Leute, die noch weniger rüstig sind. Für diese älteren Menschen brauchen wir, erzwungen durch den demografischen Wandel, künftig immer mehr Pflegekräfte. Auch die Gehälter dieser Dienstleistungen gehen – anders als die private Pflege der Verwandten – ins Sozialprodukt ein. Da macht schon allein die Altersentwicklung einen Wachstumseffekt – aber die Pflege erfordert ja kaum Ressourcen und Energie. Außer dass ein Betreuer vielleicht mit dem Auto zu den alten Leuten gefahren kommt, aber das würden pflegende Angehörige ja vielleicht auch tun. Wegen solcher Zusammenhänge habe ich schon in den 70er-Jahren immer gesagt: Eine Zahl oder gar eine Kommastelle kann doch nicht Ziel der Politik sein! Sie aber stellen sie in den Mittelpunkt Ihres Denkens.

Grefe: Es gibt ja auch das berühmte Beispiel, dass Verkehrsunfälle das Bruttoinlandsprodukt erhöhen, weil daran Ärzte und Reparaturwerkstätten verdienen …

Paech: Und wenn der Umstieg auf neue grüne Infrastrukturen ein Wachstum des BIP erzeugt, dann steigt damit auch der Verbrauch an Ressourcen.

Eppler: Dieses Wachstum und diese Ressourcen muss man jedoch anders bewerten. Denn sie dienen dem überaus sinnvollen Versuch, den Verbrauch langfristig zu verringern. Die Solaranlage zu bauen verursacht natürlich erst einmal Wirtschaftswachstum. Aber dann hält sie ja für einige Jahrzehnte. Bei diesem Thema interessieren mich die Wachstumseffekte überhaupt nicht. Da interessiert mich nur der Kampf gegen den Klimawandel. Endlich eint er die gesamte Weltpolitik, wenn man mal von der Tea Party in den USA und der AfD absieht – schon weil der Klimawandel längst spürbar ist, überall auf der Welt.

Bei der grünen Infrastruktur interessieren mich die Wachstumseffekte überhaupt nicht.

Und in dem Augenblick, in dem wir wirklich Energie erzeugen können, ohne die Atmosphäre weiter zu verschmutzen, ist doch etwas Fundamentales geschehen. Etwas, das einen eigenen Wert besitzt. Deshalb bin ich so froh, dass wir die Energiewende so weit gebracht haben. Wenn wir sie unterlassen oder verlangsamen, dann hat das seine eigenen Gefahren. Sie muss umgesetzt werden, ganz unabhängig davon, ob das ins Bruttosozialprodukt eingeht oder nicht. Da kann mir das BIP völlig gestohlen bleiben. Für mich hat das ganze Messinstrument eigentlich gar keine Relevanz.

Paech: So einfach ist es leider nicht, Herr Eppler. Sie haben zwar recht: Das Bruttoinlandsprodukt ist ein schlechtes Maß für das Wohlergehen der Bürger. Das wurde schon vor dem Bericht des *Club of Rome* erkannt. James Tobin, Hans Diefenbacher und viele weitere Ökonomen haben deshalb andere Messsysteme vorgeschlagen. Sie schließen auch Kriterien für Lebensqualität mit ein. Aber während das BIP wenig über unser Wohlbefinden aussagt, vermag es die ökologische Zerstörung leider ziemlich genau zu erheben. Nehmen Sie das Beispiel von der Altenpflege, das Sie gerade angesprochen haben …

Das BIP sagt wenig über unser Wohlbefinden, aber viel über ökologische Zerstörung.

Eppler: Auch das ist doch eine positive Entwicklung. Eine Schwester meiner Frau wurde praktisch noch dazu gezwungen, die Eltern zu pflegen. Sie musste dafür ihren Beruf aufgeben. Heute bekommen wir in so einer Situation mit sozial finanzierten Dienstleistungen Unterstützung.

Paech: Genau. Dafür fließt dann aber Geld, und dieses Geld ist nicht neutral. Es wird letztlich investiert oder in den Konsum fließen. Die Pflegerin wird sich etwas leisten wollen. Dafür werden also Dinge gekauft, und damit wird die Produktion angekurbelt, die ihrerseits Energie erfordert. Die Dematerialisierung durch Dienstleistungen ist leider ein Mythos.

Bei der ehrenamtlichen Pflege hingegen entsteht keine neue Kaufkraft. Deshalb ist es keineswegs unerheblich, ob Leistungen marktförmig oder ehrenamtlich erbracht werden. Ausgaben führen zu Ausgaben. So wird die Wirtschaft angekurbelt. Das BIP ist ein Maß für das Einkommen, das generiert wird, das darf man nicht vergessen. Es gibt Studien darüber, wie viele CO_2-Emissionen ein zusätzlicher Euro durch seine Kaufkraft verursacht. Das können durchschnittlich ein bis fünf Kilo sein, je nach Zusammensetzung des Warenkorbs.

Eppler: Wenn Sie das ändern wollen, müssen Sie aber die Gewerkschaften abschaffen und überhaupt unser ganzes Sozialsystem mit all seinen Errungenschaften.

Paech: Sie haben recht. Gewerkschafter werden sich so schnell nicht auf ein anderes Wohlfahrtsmodell einlassen. Auch der Staat hat ein auf Wachstum beruhendes Sozial- und Rentensystem geschaffen – das wir neu aufstellen müssten.

Grefe: Heute ist der Klimawandel ein stärkeres Argument in der Wachstumsdebatte als in den 70er-Jahren. Was ist sonst noch anders? Oder ist das für Sie alles Déjà-vu?

Eppler: Gleich geblieben ist, dass die praktische Politik von der Wachstumskritik auch heute kaum Notiz nimmt. In ganz Europa wird nach wie vor nur über die Frage debattiert, auf welche Weise man das Wachstum am besten in Schwung bringt. Die einen Regierungen drängen wie Deutschland darauf, dass gespart wird – Stichwort: schwarze Null –, die anderen wollen wie Frankreich oder Italien Investitionen fördern, und sei es kreditfinanziert. Aber bei beiden bleibt das zentrale Ziel das gleiche: Wirtschaftswachstum. Und dabei ist nach wie vor zweitrangig, auf welche Weise es entsteht. Rein sprachlich ist das sogar noch stärker akzentuiert worden. Heute sagt man nicht mehr: Frankreich hat nur ein Wirtschaftswachstum von einem Prozent, sondern es heißt: Frankreich wächst nur um ein Prozent. Diese Identifikation – um wie viel wächst ein Land – kann man ja schon fast als imperialistisch missverstehen.

Derweil läuft die neue Ökologie- und Postwachstumsdiskussion, die Sie, Herr Paech, und Ihre Generation jetzt vorantreiben, mehr oder weniger nebenher. Die Bundeskanzlerin hat diese Fokussierung in ihrer Regierungserklärung einmal auf den Punkt gebracht, indem sie sagte: »Ohne Wachstum ist alles nichts.«

Grefe: Der Satz stammt aus dem Jahr 2003.

Eppler: Sie hat ihn nie dementiert.

Grefe: Immerhin schickte die Kanzlerin diesem Satz auch noch voran, dass Wachstum nicht alles sei. Das Zitat musste allerdings besonders für Sie als Friedenspolitiker und Weggefährte Willy Brandts merkwürdig klingen, Herr Eppler. Denn es ist angelehnt an Brandts großen Satz: »Frieden ist nicht alles, aber ohne Frieden ist alles nichts …«

Eppler: Natürlich glaubt die Kanzlerin nicht, dass allein Wachstum den Frieden sichert. Sie ist ja nicht naiv. Ich nehme ihre Äußerung aber als Ausdruck einer fast schon religiösen Überzeugung wahr, die viele teilen; einer Fixierung, die man wahrscheinlich in diesem Leben nicht mehr ändern kann.

Paech: In diesem Punkt haben Sie recht, Herr Eppler, aber ich sehe doch einen ganz deutlichen Unterschied zu den 70er-Jahren. Die Politik hat die ökologischen Probleme heute durchaus erkannt, behauptet jedoch, sie seien durch technischen Wandel und unter dem Vorbehalt zu lösen, dass niemandem spürbare Reduktionsleistungen zuzumuten seien. Das damit angestimmte grüne Wachstum würde sogar noch mehr Arbeitsplätze und Wohlstand erzeugen, so heißt es. Meine These ist: Würde die Bundesregierung wenigstens mit dem Zwei-Grad-Klimaschutz ernst machen, hieße dies, dass wir nur noch eine bestimmte Menge an CO_2 freisetzen dürfen. In Europa liegen wir heute bei rund 11 Tonnen CO_2 pro Person und Jahr. Bei 7 Milliarden Menschen dürften es aber nur 2,7 Tonnen sein. Würden wir die Emissionen schrittweise von 11 auf 2,7 Tonnen senken, könnte die Wirtschaft nur schrumpfen – und das hätte erhebliche Konsequenzen für das Einkommen, die Versorgung mit Gütern, die Mobilität und somit für die Verteilungspolitik.

Ich meine, dass wir so ehrlich sein müssen, das den Menschen auch zu sagen. Praktisch alle Politiker stellen sich stattdessen vor das geneigte Publikum und behaupten das Gegenteil. In Brüssel, in China, in den USA: Überall wird mit riesigen Förderprogrammen Green Growth propagiert. Wenn Klimaschutz unter einen absurden Wohlstandsvorbehalt gestellt wird, kann er nur scheitern oder ist nur zum Preis anderer Umweltschäden zu haben.

Grefe: Man könnte zuspitzen: Die existenziellen Herausforderungen sollen das Wirtschaftswachstum retten?

Paech: Genau diese Lebenslüge verbreitet die Politik aus Angst davor, die Wohlstandsbürger zu verschrecken. Das war Anfang der 70er-Jahre anders. Da haben Sie, Herr Eppler, Mut bewiesen und gesagt: Man muss mindestens darüber nachdenken, ob wir auch sparen und bescheidener leben sollen.

Eppler: Ich habe vor allem gesagt: Man muss darüber nachdenken und entscheiden, *was* wachsen soll.

Grefe: Deshalb haben Sie in den 70er-Jahren den Begriff des »qualitativen Wachstums« geprägt …

Eppler: Nein, ich habe vom »selektiven« Wachstum gesprochen. Das qualitative hat man mir untergeschoben.

Grefe: Was ist der Unterschied?

Eppler: »Qualitativ« war im Grunde eine Beschönigung. Man wollte Wachstum und nannte es anders. »Selektiv« bedeutet, dass man auswählt und steuert, was wachsen soll – aber auch, was nicht. Ein Beispiel sind die erneuerbaren Energien, weil bei deren Förderung zugleich ein bedeutender politischer Zweck mit erfüllt wird. Deshalb schätze ich die Tatsache, dass Wachstum heute mit Ökotechnologien erreicht werden soll, im Gegensatz zu Herrn Paech auch durchaus als Fortschritt ein. Und deshalb verschaffen mir 0,7 Prozent Wirtschaftswachstum überhaupt keine schlaflosen Nächte.

Paech: Mir schon! Denn 0,7 Prozent Wachstum entsprechen angesichts des heutigen Niveaus an materiellem Wohlstand einem Vielfachen des absoluten Zuwachses, der etwa in den 50er-Jahren durch 0,7 Prozent herausgekommen wäre. Außerdem sind die Naturgüter, die wir zerstören, heute sehr viel wertvoller als früher. Je höher das Niveau der Zerstörung auf diesem Planeten ist, desto knapper ist die Ressource Umwelt und desto größer ist der Schaden, der zu veranschlagen ist, wenn von dieser knappen Ressource ein weiteres Quantum zerstört wird. Wurde in den 50er-Jahren ein Hektar Wald gerodet, dann war das zwar ein ökologisches Problem, aber es gab noch so viel mehr Wald als heute, dass der Schaden entsprechend geringer war. Selbst wenn eine zusätzliche Einheit des BIP heute weniger Ressourcen und Flächen in Anspruch nimmt, ist der Schaden insgesamt größer als früher, weil der Wert der zerstörten Ressourcen aufgrund ihrer Knappheit eben entsprechend höher zu bewerten ist.

Die Naturgüter, die wir zerstören, sind heute sehr viel wertvoller als früher.

Ich möchte aber auch noch auf den Zusammenhang zwischen Wachstum und Frieden eingehen, der im Zitat der Kanzlerin mitschwingt. Gehen wir mal zurück in die Nachkriegsjahre, zum Vordenker der sozialen Marktwirtschaft Ludwig Erhard. Er hat klar zum Ausdruck gebracht, dass Wachstum und Frieden miteinander zu tun haben. Erhard meinte, es sei besser, einen Kuchen wachsen zu lassen, als zuzuschauen, wie sich die Streithähne um einen nicht vermehrbaren Kuchen balgen. Ohne Wachstum drohe also Unfrieden, mindestens ein ständiger Verteilungskonflikt. Diese Überzeugung haben alle Politiker und Ökonomen verinnerlicht, bis heute.

Eppler: So ist es. Ein Verteilungskonflikt droht, der das Land innenpolitisch zerreißen kann! Der soll vermieden werden.

Paech: Darüber hinaus sei Wachstum nötig, um den Frieden zwischen Nationen zu sichern, heißt es ja immer wieder. Der Philosoph und Medientheoretiker Norbert Bolz hat in seinem Buch sinngemäß die Position vertreten: Hätte man islamische Staaten rechtzeitig in Konsumgesellschaften verwandelt, hätte es keinen *clash of culture*, keine *al-Qaida* und dergleichen gegeben. Das heißt: Hätte man das Füllhorn des Wachstums auch über Afrika und Asien ausgeschüttet, dann wären alle so beschäftigt gewesen, ihren Wohlstand zu sortieren und zu mehren, dass keine Konflikte mehr aufgekommen wären. So gesehen, verstehe ich Frau Merkel sogar, wenn sie sagt: Ohne Wachstum ist alles nichts. Dumm nur, dass diese Ersatzreligion eine Plünderung forciert, die am Ende viel schwerere Konflikte heraufbeschwört.

Eppler: Ich finde, es ist wichtig, dabei zwischen den hoch industrialisierten Ländern und denen, die man bisher »Entwicklungsländer« genannt hat, zu unterscheiden. Da sind die Funktionen des Wachstums jeweils völlig unterschiedlich. In Ecuador, Ghana oder in der Zentralafrikanischen Republik ist klar, dass alles, was infrastruktur- und sozialpolitisch geschehen muss, per Saldo auch Wachstum bedeutet. Wie immer man es anpackt, ob man Wirtschaftsaktivitäten ankurbelt oder ob man nach der Strategie der Grundbedürfnisse möglichst viele Menschen staatlich organisiert mit Wasser, Nahrung, einem Dach über dem Kopf und Bildung versorgt – es wird statistisch immer Wachstum dabei herauskommen.

In Ländern wie Deutschland hingegen wird das Wachstum heute vorrangig als Alternative zu sozialen Verteilungskämpfen diskutiert. Deshalb sind ja vor allem diejenigen, die die Produktionsmittel in der Hand haben, so ungeheuer wachstumsgläubig. Denn dann können sie ihre Mitarbeiter, wenn sie Forderungen nach einer Umverteilung stellen, mit dem Versprechen beschwichtigen: Beruhigt euch mal, ihr kommt schon alle noch dran. Das Wachstum wird sich schon einstellen, und da ist es doch viel vernünftiger, das abzuwarten, als den Steuersatz für die höheren Einkommen zu erhöhen. Diese Funktion hat das Wachstum immer gehabt und hat es bis heute. In dem Augenblick, wo es tatsächlich kein Wachstum mehr gibt, wird die Verteilungsdiskussion sehr ernsthaft und ist nicht mehr abzuweisen.

Paech: Meinen Sie nicht, dass dieses Problem für die Industrienationen in den 70er-Jahren viel brisanter war? Wenn Sie sich heute die Anhäufung von Reichtümern anschauen … Ich rede jetzt nicht über Langzeitarbeitslose, die Hartz IV bekommen. Dass es die gibt, ist mir bewusst. Aber sind wir jenseits dessen nicht materiell so überladen, dass uns eine Sinnkrise dazu bringt, dieser Logik etwas entgegenzusetzen? Wir könnten durch gerechtere Verteilung und die Hinnahme leichter Reduktionen wahrscheinlich ein entspannteres Leben führen.

Eppler: Ich bin sogar davon überzeugt, dass Sie da recht haben. Nur: Diejenigen, die in unserem Großkapitalismus die wirtschaftliche Macht haben, und übrigens auch die publizistische Macht, werden für das Wachstum kämpfen, solange es geht. Sie wollen die Verteilungsdiskussion mit Zähnen und Klauen verhindern.

Paech: Mir reicht dieser Befund aber noch nicht. Ich sehe die Angst vor den Verteilungskonflikten auch als eine Ausgeburt der Konsumgesellschaft. Die Angst davor, von dem Kuchen nicht genug abzubekommen, setzt voraus, dass ich diesen Kuchen brauche, ja dass ich von seiner Süße abhängig geworden bin. Meine Strategie zum Verteilungskonflikt reicht deshalb über die reine Umverteilung hinaus: Wir brauchen eine Kuchenentzugskur. Sie sagen: Lasst uns endlich ernst machen mit guter Verteilungspolitik. Ich will den Verteilungskonflikt zusätzlich dadurch entschärfen, dass wir mit neuen Lebensmodellen unabhängiger von dem werden, worum sich alles balgt. Und das ist mehr als Verteilung. Es ist Resilienz. Es ist Autonomie durch eine Mäßigung der Ansprüche, die uns ohnehin nicht mehr guttun.

Eppler: Mir ist das, was Sie jetzt gesagt haben, sehr sympathisch. Denn wir haben ja über die hochfragwürdigen Maßnahmen zur Steigerung des Wachstums und über die immense Verschuldung schon gesprochen, deren Folgen wahrscheinlich dramatischer sein werden als jene, die das Auslaufen des Wirtschaftswachstums hätte. Wenn wir damit aufhören und die Verteilungsdiskussion einfach nicht mehr abzuwimmeln sein wird, dann können Sie daran anschließen. Dann würde mir das, was Sie fordern, tatsächlich einleuchten. Aber von dieser Voraussetzung sind wir eben meiner Überzeugung nach noch sehr weit entfernt.

Grefe: Auf diese Verteilungsdiskussion kommen wir gewiss noch einmal, aber hier zunächst die Frage: Sind wir von der Voraussetzung deshalb so weit entfernt, weil das Wachstum seine Funktion, die Verteilungsdiskussion zu entschärfen, in den meisten Ländern Europas und vor allem in Deutschland bislang doch noch so gut leistet?

Eppler: Ja – allerdings führt das Wachstum heute schon nicht mehr zu einer höheren Zufriedenheit oder einem größeren Glücksempfinden. Es gibt ja interessante statistische Daten, nach denen das, was als Lebensqualität empfunden wird, seit Beginn der 70er-Jahre gar nicht mehr von der Wachstumsstatistik abhängt. Das ist von Land zu Land ein bisschen verschieden, aber doch seit 40 Jahren ein allgemeiner Trend.

Paech: Ich bin zwar ganz derselben Meinung – und doch sollten wir skeptisch sein. Wenn man Bürger nach dem Zusammenhang zwischen materiellem Zugewinn und Wohlgefühl fragt, dann zeigt sich meist eine tiefe Kluft zwischen dem, was sie antworten – edel sei der Mensch, hilfreich und gut –, und den wahren Praktiken ihres Lebensalltags. Fakt ist, dass das Niveau der Mobilität und des Konsums seit den 70er-Jahren in unerhörtem Maße gestiegen ist. Viele Bürger erklären zwar, sie wollten und bräuchten kein Wachstum mehr – aber es soll bitte am Ende des Jahres auch nicht weniger unter dem Weihnachtsbaum liegen.

Diese vermeintlich paradoxe Situation hat einen simplen Grund: Der Konsum hat heute eine andere Funktion. Früher – und in den Entwicklungsländern auch heute noch – diente er der Befriedigung grundlegender Bedürfnisse. Heute machen uns materielle Dinge glücklicher, wenn wir durch sie innerhalb der Konkurrenz um Reputation mithalten können. Wir drücken damit unsere Identität aus. Meine soziale Posi-tion wird aber geschmälert, wenn andere um mich herum mehr haben als ich. Deshalb muss ich mich ständig vergleichen, ob ich will oder nicht. Dieser relative Abstand zwischen meiner Konsumausstattung und jener der Nachbarn, Kollegen oder einer anderen Gruppe ist ein entscheidender Wachstumsmotor. Deshalb gibt es trotz aller Debatten über den Klimawandel nach wie vor Leute, die zwei, drei schicke Autos in der Garage stehen haben, einen City-PKW, einen

Konsum hat heute eine andere Funktion als früher: Wir drücken damit unsere Identität aus.

SUV und zusätzlich noch einen Sportflitzer. Die Besitzer würden wahrscheinlich gar nicht erklären können, wie diese Fahrzeuge ihr Wohlbefinden verbessern. Dasselbe gilt für Flugreisen, Elektronik oder neue Kleidung.

Grefe: Das gilt mittlerweile ja sogar für Lebensmittel. Glutenfrei, Anti-Aging, Raw Eating, Functional Foods: Auch das sind schicke Konsum- und Bekenntnisprodukte …

Paech: … und so werden identitätstiftende Symbole aufgeschichtet. Man befürchtet, sonst den Anschluss zum Rest der Gesellschaft zu verlieren. All das treibt nach wie vor unsere Wachstumsspirale an.

Eppler: Was bleibt, ist die erstaunliche Feststellung, dass das steigende Konsumniveau seit Anfang der 70er-Jahre nicht mehr parallel geht mit dem Gefühl der Menschen, dass es ihnen besser geht. Das ist erstaunlich gerade in Deutschland mit seiner Geschichte des Wirtschaftswunders in der Nachkriegszeit. Und es bleibt selbst dann verwunderlich, wenn man dies vielleicht teilweise so begründen kann wie Sie, Herr Paech: Das brauche ich noch, weil der Nachbar sonst mehr hat.

Grefe: Sie spielen damit sehr moralisch auf so unschöne Antriebe wie Neid, Genuss- und Geltungssucht an, Herr Paech. Dabei unterstellen Sie, dass Bürger vollkommen unabhängig entscheiden, was sie kaufen. Aber haben sie tatsächlich immer die Wahl? Viele Reisen und auch die digitalen Kommunikationstechnologien sind ja mit Anforderungen der Arbeitswelt verbunden. Wer heute nicht mobil oder vernetzt ist, kommt tatsächlich nicht mehr mit. Steht nicht auch ein Zwang dahinter, also neben dem »Wollen« auch ein »Müssen«?

Paech: Ich sehe das nicht so. Nur eine kleine Minderheit ist beruflich dazu gezwungen, sich ständig an den technischen Steigerungsorgien zu beteiligen. Klar, als Bankmanager kann ich ohne Smartphone nicht arbeiten. Aber schauen Sie sich nur mal an, wie oft junge Menschen, die noch gar nicht im Job sind, mal eben übers Wochenende nach Barcelona fliegen; oder wie sie den ganzen Tag lang mit Elektronik spielen. Das ist purer Hedonismus.

Grefe: Womit Kinder und Jugendliche spielen, das war zu allen Zeiten stets zugleich eine Vorbereitung auf die Arbeitswelt. Und heute kommen auch Lagerarbeiter im Logistikunternehmen oder selbst Bauern auf dem Acker nicht mehr ohne elektronische Systeme aus.

Paech: Das mag ja sein – aber die enorme Masse der Neuerungen entsteht nach meiner Beobachtung durch die immer schnelleren Innovationszyklen für Eigenschaften, die oft überflüssig sind. Da wird ständig ausrangiert, nur weil sich bei Autos, Handys oder Jeans ästhetische Codes verändert haben. Diese Frequenz hat nichts damit zu tun, ob man noch technisch anschlussfähig bleibt. Auch im Berufsleben kann man Freiräume nutzen, um sich auf das Minimum der nötigen technischen Steigerungsspirale zu beschränken.

Grefe: Es ändert sich aber nicht nur die Ästhetik, es ändern sich auch die Programme und die technischen Voraussetzungen dafür. Alles Dinge, bei denen man tatsächlich mitziehen muss, um noch im Job oder beim gesellschaftlichen Diskurs dabeibleiben zu können.

Paech: Natürlich lässt sich argumentieren, dass formal freie Individuen nicht immer frei entscheiden. Wenn jemand beispielsweise als Einziger in der Nachbarschaft kein Auto hat, kann man sicher sagen: Er steht unter Druck, weil er seine Freunde nicht verlieren und weiter zur Grillparty eingeladen werden will. Aber verbirgt sich hinter der angeblichen Unfreiheit nicht eher Bequemlichkeit? Wer als Konsumverweigerer Rückgrat zeigt, beweist, wie frei er ist und dass er verstanden hat: Frei zu sein heißt eben auch, verantwortlich zu sein. Ja, insofern geht es um eine moralische Bewertung. Deshalb steht hinter dem Massenkonsum nicht bloß ein institutioneller Zwang, sondern ein kulturelles Phänomen. Und das ist nicht in Stein gemeißelt.

Eppler: Ich stimme Ihnen insoweit zu, als wir uns mit den kulturellen Aspekten der heutigen Konsumerrungenschaften viel stärker auseinandersetzen müssten. Ich fahre ja viel mit der Bahn, und das ist heutzutage ein ganz absurdes Erlebnis: Alle sitzen nebeneinander, starren unentwegt in ihre Smartphones und nehmen einander gar nicht mehr wahr. Ich kann zwei Stunden lang neben jemandem im Abteil sitzen, ohne ein Wort mit ihm zu wechseln. Der setzt sich hin, zückt sein Smartphone, steckt es wieder ein und geht – meist grußlos. Aber ich sehe schon ein: Kinder, die kein Smartphone haben, sind in einer schwierigen Position. Und am Arbeitsplatz wird es auch gebraucht.

Wir müssten uns mit den kulturellen Aspekten der heutigen Konsumerrungenschaften viel stärker auseinandersetzen.

Grefe: Ausklinken geht nicht?

Eppler: Na ja, ich bin schon ausgeklinkt mit fast 90 Jahren. Aber ich habe eine hilfsbereite Tochter. Wenn es die nicht gäbe, müsste ich mich wohl auch auf die elektronische Kommunikation einlassen. Denn ich frage sie immer, wenn ich eine Information brauche: Guck das doch mal bitte für mich im Internet nach. Außerdem ist es natürlich auch eine herrlich interessante Sache, wenn meine Enkel mir auf dem Smartphone ihre krabbelnden Kinder – also meine Urenkel –

zeigen können. Das finde ich großartig! Und ich sage Ihnen ganz klar, Herr Paech: Dieser Technikkonsum ist für mich ebenso sehr jenseits moralischer Kriterien wie die Tatsache, dass das dann andere auch tun und ebenfalls ein Smartphone kaufen.

Grefe: Wir reden ja immer wieder über diese Geräte, weil wir danach fragen, warum und wie eine saturierte Gesellschaft noch wächst beziehungsweise wachsen will oder muss. Dabei verstehe ich Sie, Herr Paech, so, dass Sie den neuen Produkten eigentlich schon jeden anderen Nutzen absprechen als die Funktion, die Wachstumsmaschine zu ölen. Auch Harald Welzer von Futur II macht sich ja gern lustig darüber, dass wir immer mehr Zeit verplempern und sogar in Burn-out-Fallen geraten, nur um Produkte kaufen zu können, die uns mit E-Mails, Whatsapps und SMS sogar noch mehr Stress machen. Aber das Beispiel von Herrn Eppler mit seinen Urenkeln zeigt doch das Gegenteil: Diese Produkte beantworten auch über den Beruf hinaus Bedürfnisse und Wünsche. Ich kann meinen Kontakt zu den Verwandten, die in der mobilen Gesellschaft häufig in weiter Entfernung leben, intensiver aufrechterhalten – und das spart vielleicht Autofahrten. Ich habe neue Chancen zu lernen. Haben Sie denn etwas gegen Spieltrieb, Neugierde, Spaß?

Paech: Na ja, auch ich laufe ja nicht im Büßerhemd herum, obwohl ich erzkonservativ weder einen Fernseher noch ein Smartphone besitze und auch nur ein einziges Mal ein Flugzeug bestiegen habe, um meinen Doktorvater in den USA zu besuchen. Ich spiele in zwei Rockbands, hänge auf Konzerten, Partys und in Kneipen herum, fahre Rad und wandere oft. Glauben Sie also, ich hätte keinen Spaß oder Genuss? Ich halte Ihre Deutung dennoch für eine unzulässige Relativierung des Problems. Wie kann ein aufgeklärtes Individuum eine neue, vormals nie erforderlich gewesene Mobilitäts- oder Konsumpraktik allein damit rechtfertigen, dass sie nun mal da ist und sich gut anfühlt oder einen Nutzen erfüllt? Je höher das Mobilitäts- und Komfortniveau steigt, desto mehr wachsen die Erfordernisse, dieses Niveau zu stabilisieren und allen zugänglich zu machen. So entstehen neue Mindeststandards und Normalzustände.

Plötzlich wird einfach behauptet, es sei eben normal, wenn Familien Hunderte oder Tausende von Kilometern voneinander entfernt leben, was energetisch ein Wahnsinn ist. Oder dass Sechsjährige ein Tablet brauchen … Wenn nur zehn Prozent der Bevölkerung so leben würden, bräuchten wir vier Planeten. Der Wunsch, noch mehr Optionen zu haben, mag in der Tat eine anthropologische Konstante ansprechen – davon lebt die Industrie. Aber der Mensch ist nicht nur instinktgeleitet, sondern er ist zugleich fähig zu einer kritischen Reflexion.

Grefe: Kann diese kritische Reflexion nicht in beide Richtungen gehen? Technologien sind ja auch janusköpfig. Ohne digitale Kommunikation würde es zum Beispiel auch Ihre globalisierungskritische Bewegung so nicht geben. Man kann erneuerbare Energien in einem *smart grid* miteinander vernetzen; Genossenschaften können via Internet leichter eigene Wirtschaftsstrukturen schaffen und voneinander lernen. Auch digitale Technologien bringen doch sinnvolles Wachstum, wenn sie den nachhaltigen Wandel und die Dezentralisierung fördern?

Paech: Auch dieser These stimme ich überhaupt nicht zu. Vor der Digitalisierung war die Welt dezentraler und regionaler. Je mehr ich mich vernetze, desto mehr ist der ganze Planet meine Region. Deshalb erweitern sich mit digitalen Interaktionen die energieverschwende-ri-schen Ausschweifungen: der Tourismus, das Umherfliegen von Gütern, der globusumspannende Arbeitsmarkt mit der Folge rasender Mobilität. Sich angesichts dieser Janusköpfigkeit nur das Positive und Unschädliche aus dem Kuchen herausschneiden zu wollen entspricht einer naiven Fortschrittsgläubigkeit. Vor allem: Es hat leider noch nie funktioniert.

Je mehr ich mich digital vernetze, desto mehr ist der ganze Planet meine Region – und desto mehr erweitern sich die energieverschwenderischen Ausschweifungen.

Es reicht nicht, bloß kritisch gegenüber den Nebenwirkungen des Fortschritts zu sein. Manchmal gilt es, diesen gegebenenfalls im Namen von Vorsorge und Verantwortung in Gänze abzulehnen. Um noch einmal Herrn Epplers Erfahrung aus seinen Zugreisen aufzugreifen: Ich halte es für einen klaren Fall von Pathologie, nicht mehr miteinander zu sprechen, während man nebeneinandersitzt. Wenn wir das Menschsein ernst nehmen, sind wir auch dazu verpflichtet zu fragen: Dürfen wir das? Was soll das für ein Nutzen oder Gewinn sein, der es rechtfertigt, beliebige – nicht nur ökologische, sondern auch soziale – Schäden zu riskieren?

Eppler: Ich jedenfalls empfinde es als abwertend und verletzend, wenn man stundenlang neben einer anderen Person sitzt und ihr durch sein Verhalten den Gedanken nahelegt: Wer bin ich, dass ich so wenig Interesse erwecke? Bin ich so langweilig, dass man mich nicht einmal anguckt? Das ist nun wirklich neu. Wenn ich bedenke, wie viele interessante Leute ich beim Zugfahren kennengelernt habe! Da gab es Gespräche, die mir gut getan haben und dem anderen auch … Das heißt: Da entfällt auch etwas von der Anerkennung der Menschlichkeit und der Würde des anderen.

Paech: Sie sprechen mir aus der Seele. Diesen Punkt haben selbst manche Konsumkritiker übersehen: dass der Zusammenhalt einer Gesellschaft verloren geht, wenn man einander vor lauter Konsum schon gar nicht mehr wahrnimmt. Womöglich hat auch die Entsolidarisierung und mehr noch die Entpolitisierung, die wir beobachten, damit zu tun.

Ich möchte noch einen Punkt zu der Frage ergänzen, warum Menschen weiterhin allen Versuchungen nachgeben, obwohl sie bei Umfragen sagen, sie bräuchten nicht mehr und fänden Klimaschutz ganz toll. Offenbar existiert ein technologischer Einbahnstraßeneffekt. Wenn man sich einmal auf eine neue Technologie eingelassen hat, ist es schwer, davon wieder abzulassen. Hätte man die Leute vor zwanzig Jahren gefragt, ob die Welt ein besserer Ort wäre, wenn jeder ein Smartphone besäße, hätten viele gesagt: Wie bitte? Was soll der Quatsch? Ich lebe auch ohne ganz gut, und wenn ich die ökologischen Konsequenzen abschätze – den Ressourcenverbrauch für das Gerät, die Gifte oder die massenhaften Pakettransporte infolge all der Onlinebestellungen –, dann lasse ich's doch lieber. Da sich die Menschen jetzt aber an die Kommunikationstechnologien gewöhnt haben, ich würde sogar sagen: da sie davon abhängig geworden sind, wollen sie das Spielzeug auch nicht mehr hergeben. Junge Leute würden einem doch an die Kehle springen, wenn man auf dem Schulhof die Smartphones einsammeln würde.

Grefe: Ist das alles auch deshalb so, weil ein kultureller Kern unserer Gesellschaft perfekt bedient wird: der Individualismus?

Paech: Nein, ich bin der Meinung, dass die Verbreitung jeder noch so absurden Unsitte des Konsums immer ein kollektives Phänomen ist. Ich halte zum Beispiel die Macht der Werbung für völlig überschätzt. Was einen Menschen dazu bringt, ein Auto zu kaufen, ein bestimmtes Haus zu bauen oder ein elektronisches Gerät zu wählen, ist eine Folge der Beobachtung, was andere tun. Man nennt das in der Forschung soziale Diffusion. Die Werbung ist nur ein Tropfen, aber dass sich die darin enthaltene Information ausbreitet, ist das Resultat direkter Begegnungen. Das klingt wie ein Widerspruch zu dem, was Herr Eppler so trefflich geschildert hat: dass die Kids nur noch dastehen und sich nicht mehr in die Augen, sondern wie gebannt auf die Displays schauen. Tatsächlich tun sie das erstens, um über die Symbolik des Smartphones kulturell anschlussfähig zu bleiben, und zweitens, um über den digitalen Kontakt gerade nicht in isolierendem Individualismus zu versinken.

Eppler: Wollen Sie sagen, dass die Leute bei Coca-Cola nicht rechnen können, wenn sie Millionensummen in die Werbung investieren?

Paech: Die Werbung hatte jedenfalls vor Jahrzehnten einen größeren Einfluss als heute. Und sie spielt jetzt eine andere Rolle. Reklame soll uns nicht mehr dazu bringen, etwas Bestimmtes zu tun oder zu kaufen. Wir sollen bei der Stange bleiben. Wenn ich Coca-Cola trinke, und meine alltägliche Umgebung ist mit Cola-Symbolen ausgekleidet, vergewissere ich mich auf bequeme Weise, dass ich noch *up to date* bin. Und außerdem: Ich verliere jeden kritischen Impuls. Somit haben Sie schon recht. Wenn ich sage, dass die Werbung überschätzt wird, meine ich nicht, dass sie ohne Einfluss ist. Sie ist es noch auf eine andere Weise: Im Falle ganz neuer Produkte ruft sie die Pioniere auf den Plan, die sich einen Distinktionsgewinn versprechen und Trendsetter sein wollen. Alle anderen sind Nachahmer.

Eppler: Die Walze von Werbung hätte jedenfalls überhaupt keinen Sinn mehr, wenn man versuchte, weniger zu produzieren und weniger zu verkaufen. Und was dann?

Grefe: Theoretisch könnte sie den geforderten Wertewandel in Richtung einer größeren Nachhaltigkeit der Produkte sogar mit befördern. Teils tut sie das ja schon, etwa indem für regionale Produkte und für bio Reklame gemacht wird. Ikea könnte weniger Produkte ins Regal stellen, dafür aber dauerhafte und dann dafür werben, dass ein Schrank ein Leben lang hält und sogar noch die Urenkel etwas davon haben werden, oder?

Paech: Denkbar ist das. Aber ich fände es auch gut, wenn wir einfach weniger Werbung hätten. Wenn Sie heute die politische Macht in Berlin hätten, Herr Eppler, würden Sie sich damit anfreunden, sie abzuschaffen?

Eppler: Ich würde sie vielleicht stärker besteuern. Schon das würde einen Aufstand hervorrufen! Daran sehen Sie: Das ist ja keine Kinderei, was Sie vorhaben, Herr Paech, das wäre eine Revolution! Keine Revolution in dem Sinne, wie wir sie gemeint haben: als Projekt, das politisch gedacht und gelenkt wird. Ihres scheint mir eher eine sanfte Revolution zu sein, ohne Revolutionäre. Aber revolutionär ist der Wandel, den Sie vorhaben, in dem Sinne, dass die Widersprüche zum jetzigen System einfach enorm sind.

Grefe: Deshalb stellen wir doch an dieser Stelle die Gretchenfrage einmal konkret: Sind wir schon deshalb in einer Wachstumstretmühle gefangen, weil es im Kapitalismus ohne gar nicht geht?

Eppler: Ich glaube, die Frage nach dem Kapitalismus sollten wir vermeiden, sonst kommen wir rasch ans Ende der Diskussion – oder sie endet gar nicht mehr. Herr Paech: Die Frage, wie sich Ihre Konsum- und Wachstumskritik zu der Tatsache verhält, dass wir ein kapitalistisches System haben, kommt interessanterweise in Ihrem Buch überhaupt nicht vor; ebenso wenig wie die Tatsache, dass es eine mächtige Gruppe von Menschen und Unternehmen gibt, die dieses System mit

Warum reden Sie weder über Macht noch über Interessen?

Zähnen und Klauen verteidigen. Dabei habe ich in meinem Leben sehr oft und sehr schmerzlich erfahren müssen, dass diejenigen, die an diesem Kapitalismus interessiert sind, sehr wohl wissen, was sie zu tun haben. Was ich zuvor über die Flick-Affäre erzählt habe, war da nur ein Beispiel. Ich frage mich: Warum reden Sie, Herr Paech, weder über Macht noch über Interessen?

Paech: Der Unterschied zwischen uns ist wohl der: Ich glaube nicht an die Macht einer kleinen Clique, die den Kapitalismus um jeden Preis aufrechterhalten will. Vielmehr sind es etliche Millionen Menschen in Deutschland, die dieses System unterstützen und verteidigen, nämlich aus lauter Angst, dass sie sonst ihr Auto, ihr Eigenheim, ihren noch größeren Flachbildschirm nicht mehr kriegen.

Eppler: Aber es gibt doch ein paar Menschen in den Vorständen, die darüber entscheiden, in welche Richtung sich der Kapitalismus entwickelt und in welche nicht. Das mögen heute andere sein als vor 40 oder 50 Jahren. Die Macht einiger globaler Konzerne aber hat doch seither eher noch zugenommen, und zwar drastisch. Das ist politisch hochrelevant, und Sie lassen es praktisch außen vor.

Paech: Welche Macht eines Konzerns soll mich dazu zwingen können, gegen meinen Willen ein Smartphone zu kaufen oder den Urlaub in der Karibik zu verbringen? Wie kann ich einerseits beanspruchen, ein aufgeklärter und mündiger Bürger zu sein, wenn ich mich andererseits ausgerechnet dann immer mit Systemzwängen herausrede, wenn es ans Eingemachte geht?

Kapitalismuskritik und der damit verbundene Verweis auf eine angebliche Machtfrage blendet auf bequeme Weise nicht nur die individuelle Verantwortung aus, sondern leugnet die vielen Freiräume, die wir haben, um dem aktuellen Wirtschaftssystem an unzähligen Stellen den Boden zu entziehen – wenngleich das nicht zum Nulltarif zu haben ist, sondern Selbstbegrenzung bedeutet. Aber die bessere Welt gibt es nicht zum Nulltarif. Und genau hier mangelt es den kapitalismuskritischen Einlassungen oft an Ehrlichkeit. Unsere Form des Wohlstands ist ohne das, was landläufig »Kapitalismus« genannt wird, nie und nimmer zu haben. Wer also den Kapitalismus abschaffen will, muss erst einmal die Menschen dazu bringen, mit einem Bruchteil der lieb gewonnenen materiellen Freiheiten klarzukommen. Wenn Letzteres unterschlagen wird, endet Systemkritik in Populismus. Und noch etwas: Selbst wenn es gelänge, den Kapitalismus abzu-

Welche Macht eines Konzerns soll mich dazu zwingen, den Urlaub in der Karibik zu verbringen?

schaffen, aber das aktuelle Industrie- und Wohlstandsmodell zu bewahren, wäre kein einziges ökologisches Problem gelöst.

Grefe: Ob und wie man ihn abschaffen sollte, werden wir in diesem Rahmen wohl nicht klären können. Wir sollten aber über eine Eigenschaft des Kapitalismus reden, die für unser Thema hier entscheidend ist und mit der immer wieder argumentiert wird: den Wachstumszwang. Können Sie den mit dem selektiven Wachstum zähmen, Herr Eppler?

Eppler: Ich glaube gar nicht, dass es diesen absoluten Zwang gibt; jedenfalls nicht so, dass er zu einem erheblichen Wachstum der gesamten Wirtschaft führt.

Die Gesellschaften und Länder, in denen es aus ganz unterschiedlichen Gründen jahrelang kein Wachstum gibt, bleiben ja auch kapitalistisch. In jeder Form von Kapitalismus versucht der eine, auf Kosten des anderen zu wachsen. Auf Kosten der anderen Branche – oder des anderen Landes. Deshalb wachsen einige Gesellschaften, und andere erleiden Schiffbruch. Das heißt: Der Wachstumszwang kann bleiben, während das Ergebnis insgesamt nicht immer Wachstum ist. Und ich kann mir sehr wohl eine kapitalistische – oder jedenfalls nichtsozialistische – Wirtschaft vorstellen, die über viele Jahre hinweg kein Wirtschaftswachstum hat.

Paech: Die Frage nach dem Wachstumszwang ist theoretisch nicht leicht zu lösen, weil der Begriff »Zwang« interpretationsbedürftig ist. Ich unterscheide zwischen strukturellen und kulturellen Wachstumstreibern. Die Erstgenannten rühren daher, dass die arbeitsteilige industrielle Produktion viel Kapital benötigt. Und Kapital kriege ich nur, wenn ich seinen Eignern ausreichende Renditen versprechen kann oder den Banken, falls ich das Geld von dort nehme, Zinsen zahle. Wenn das Wachstum aussetzt und Firmen die Renditen oder Zinsen nicht zahlen können, dann gehen sie pleite und reißen wiederum andere Teile der Wirtschaft mit nach unten, was zu einer sich selbst verstärkenden Abwärtsspirale werden kann. Diese angebotsseitigen Wachstumstreiber zu überwinden würde meines Erachtens voraussetzen, dann eben auch Abschied von der industriellen, also kapitalabhängigen Produktionsweise zu nehmen. Aber dann schaffen wir keineswegs den Kapitalismus ab, sondern auch die Grundlagen des Wohlstandes – was dann ertragen werden muss. Über nachfrageseitige und damit kulturelle Treiber haben wir bereits ausführlich gesprochen, und da haben Sie, Herr Eppler, zuvor schon die spannende Frage aufgeworfen: Wollen die Menschen kein Wachstum mehr, aber die Wirtschaft und die Politiker in unserem System verlangen es? Oder ist es umgekehrt? Nach meiner Ansicht forcieren vor allem die Bürger das Wachstum, weil deren Selbstverwirklichung auf ständig höheren Mobilitäts- und Konsumniveaus ausgetragen wird. Wenn dies unangetastet bleiben soll, stehen wir tatsächlich unter Wachstumszwang. Denn der Preis für ein geringeres Wachstum wäre, dass sich die Mehrheit der Bürger in Deutschland oder der EU etwas einschränken müsste. Wären wir bereit, diesen Preis zu zahlen, dann würde sich der Begriff »Zwang« in Wohlgefallen auflösen.

Und noch eine Antwort auf Ihre These, dass das Wachsen des einen in der kapitalistischen Wirtschaft oft auf Kosten des anderen gehe. Da bin ich mir nicht so sicher, Herr Eppler. Bislang war die Konsumlust hinreichend groß, um viele konkurrierende Produkte nebeneinander bestehen zu lassen. Oder hat sich das Wachstum von VW jemals zulasten von Mercedes oder BMW ausgewirkt? Das Wachstum ist auch in der Wirtschaft ein Friedensstifter. Anstelle eines Strukturwandels wird der Kuchen eben einfach größer.

Eppler: Es gibt ja Wissenschaftler wie zum Beispiel Meinhard Miegel, die sagen: Das Wachstum in den älteren Industriegesellschaften geht längst gegen null. Es verringert sich permanent. Im Grunde hat es bereits mit der ersten Ölpreiskrise geschwächelt und wurde dann durch Staatsverschuldung künstlich angefacht, weil es sich durch die natürliche Entfaltung der Wirtschaft nicht mehr eingestellt hat. Sobald man damit aufhört, Wachstum durch politische Maßnahmen zu erzwingen, wird es in unseren Gesellschaften *négligeable*. Wie Miegel, so bin auch ich fest davon überzeugt: Das Thema wird sich jenseits aller Theorie ganz von selbst erledigen. Insofern ist vieles an unserer Diskussion eigentlich überflüssig.

Paech: Damit geben Sie den Stand des Wachstumsdiskurses wieder. Die Stagnation ist keine Frage des Wollens oder Nichtwollens, sondern längst ein empirischer Befund. Aber: Die strukturellen Probleme des Nichtwachsens sind damit nicht aus der Welt!

Eppler: Um es noch einmal konkreter zu sagen: Wenn Mario Draghi am heutigen Tag damit aufhören würde, die Konjunktur mit billigem, ja fast kostenlosem Geld anzuheizen, dann hätten wir in der Europäischen Union wahrscheinlich überhaupt kein Wirtschaftswachstum mehr. Was da seit der Finanzkrise passiert, ist ja für mich alten Mann eine völlig undenkbare, ja revolutionäre Sache! Nie in meinem langen Leben hätte ich es für möglich gehalten, dass man einfach immer mehr Geld in den Markt hineinpumpen kann. Jahrzehntelang war es selbstverständlich, dass die Sparkasse relativ stabil drei Prozent Zinsen bezahlt. Und jetzt gehen sie alle am Stock: die Bausparkassen, die Kreissparkassen, viele Banken. Am Ende werden die Rentner in die Röhre gucken, weil auch die Modelle der Lebensversicherungen

Nie hätte ich es für möglich gehalten, dass man einfach immer mehr Geld in den Markt hineinpumpen kann.

nicht mehr funktionieren. Das ist der hochbrisante Hintergrund, vor dem wir das Thema Wirtschaftswachstum derzeit diskutieren. Und schon deshalb bin ich mir absolut sicher, Herr Paech, auch dank meiner Erfahrung aus den 70ern, dass es niemals den Beschluss eines Parlamentes geben wird, ob in Deutschland oder anderswo, der so, wie Sie das wünschen, offiziell erklärt: Wir verzichten auf Wachstum. Aber es wird sehr häufig Haushaltsberatungen geben, bei denen Regierungen mit 0,5 oder minus 0,5 Prozent Wachstum wirtschaften müssen. Und es könnte und müsste auch dringend eine Debatte darüber geben, ob diese Politik des kostenlosen Geldes ökonomisch überhaupt zu rechtfertigen ist – oder ob das, was dabei herauskommt, ein viel größerer Schaden ist, als wenn das Wirtschaftswachstum auf null zurückginge oder auf minus eineinhalb.

Paech: Sie haben vollkommen recht: Was Mario Draghi gerade mit der Zentralbank praktiziert, funktioniert nicht ewig. Schon Angela Merkels Abwrackprämie hat nicht mehr funktioniert. Das Wachstum kommt jetzt von alleine zum Stillstand. Aber umso mehr müssen wir doch eine Antwort auf die Frage geben, wie die Gesellschaft damit klarkommen soll!

Grefe: Eine der Methoden, Wachstum mit aller Gewalt herzukriegen, ist ja neben Konjunkturprogrammen oder beschleunigter Innovation die Globalisierung. Denn auch die weltweite Liberalisierung und damit Ausweitung der Märkte, die Sie zuvor schon als ökologisches Rollback kritisiert haben, sollte das Wachstum antreiben.

Paech: Richtig, der Reichtum der EU speist sich teilweise aus einem Wachstum, das in Indien und China stattfindet. Viele Unternehmen gäbe es ohne die neuen Märkte nicht mehr. Aber selbst das hat offenbar nicht ausgereicht.

Grefe: Eine Begründung für den Globalisierungsprozess war, dass dieses Wachstum Entwicklungsländern wie China, Indien, Brasilien oder Ghana helfen würde, der Armut zu entkommen. Hat dieses Wachstum deshalb für Sie eine andere Qualität?

Paech: Nein, denn in den Schwellenländern profitieren zuvorderst die neuen Mittelschichten, und das nicht nur zulasten der Ökosphäre, sondern zulasten der Lebensgrundlagen all jener, die sich selbst versorgen müssen.

Eppler: Das sehe ich nun wirklich anders. Viele Menschen haben dadurch überhaupt etwas zu essen. Und es ist doch ein Erfolg, wenn mehr Bürger in die Mittelschicht aufsteigen!

Paech: Aber durch die Globalisierung entstehen neue Probleme, die wir nicht wiederum einfach mit weiterem Wirtschaftswachstum beseitigen können. Beispielsweise haben der Weg aus der Selbstversorgung und der Strukturwandel zu einer industriellen Landwirtschaft unserer Prägung neue Hungersnöte erzeugt. Und fast immer ist dann eine Spaltung der Gesellschaft die Folge: Auf der einen Seite stehen jene Menschen, die an der neuen Form der Produktion teilhaben – auf der anderen bluten die Regionen der Selbstversorgung aus, weil dort Ressourcen entnommen werden und die jüngere Generation in die Städte flieht.

Und noch aus einem anderen Grunde bin ich skeptisch. Die neuen Mittelschichten, von denen Sie gesprochen haben, holen jetzt alle unsere zerstörerischen Konsummuster nach. Das ist für den Globus einfach nicht tragbar.

Grefe: Aber die Globalisierung hat noch mehr positive Effekte. Die gegenseitigen Wirtschaftsbeziehungen und wachsenden Interdependenzen können den Nationalismus eindämmen, Wachstum kann auch global den Frieden befördern. Umgekehrt: Wenn wir schnell aus dem Globalisierungszug aussteigen, dann würde das in diesen Ländern gigantische wirtschaftliche und soziale Krisen auslösen.

Paech: Zunächst sollten wir vorsichtig zur Kenntnis nehmen, dass sowohl der Rechtsradikalismus in Europa als auch der globale Terror mit der Globalisierung gewachsen sind. Außerdem: Ich kann doch nicht immer mehr Elektronik konsumieren, nur um industrielle Produktionsstätten in China und Bangladesch zu erhalten. So verhindere ich den Wandel vor der eigenen Haustür und zugleich in Asien.

Ich kann doch nicht immer mehr Elektronik konsumieren, nur um industrielle Produktionsstätten in China und Bangladesch zu erhalten.

Grefe: Gibt es denn überhaupt noch die Reduktion auf die eigene Haustür, umso mehr für eine Exportnation?

Paech: Es gibt ja zwei Formen der Globalisierung: einmal die von Ihnen beschriebene über die langen Produktions- und Güterketten. Dabei geraten viele der daran beteiligten Länder blitzschnell in Abhängigkeit von Ressourcen, internationalen Handelsströmen und politischen Prozessen, die ihnen die Chance rauben, einen eigenen Weg zu gehen. Und wenn dann irgendeine Industrie wegfällt oder der Ölpreis wieder steigt, dann stürzen sie sofort in eine tiefe Kluft.

Zum Zweiten gibt es überall auch eine kulturelle Abhängigkeit, ob in Lateinamerika, Afrika oder auch Asien. Vor allem dort haben sich Lebensmodelle in den letzten Jahrzehnten radikal gewandelt, weil man darauf fixiert ist, unser westliches Vorbild zu kopieren. Wenn wir die Kopiervorlage nicht verändern, dann brauchen wir uns nicht darüber zu wundern, dass auch dort marktradikal, wachstumsgläubig und extraktivistisch viele sozial und ökologisch unerfreuliche

Nebenwirkungen entstehen. Ich meine, wir sollten den Asiaten lieber schonend beibringen, dass eine reine Industrieversorgung keine Zukunft sein kann. Ich möchte natürlich auch den Indern und den Bewohnern Bangladeschs einen maßvollen technischen und industriellen Fortschritt zugestehen. Aber die Geschwindigkeit und Rücksichtslosigkeit, mit der das jetzt passiert, ist nicht hinnehmbar. Und es passiert durch den Sog unserer Nachfrage. Deswegen ist es meines Erachtens im Interesse einer europäischen Postwachstumsstrategie eher zielführend, weniger zu kaufen und zugleich subsistente Versorgungsmuster einzuüben, die auch auf andere Kontinente übertragbar sind.

Grefe: Wie schätzen Sie es ein, Herr Eppler: Ist die Bilanz der Globalisierung insgesamt eher positiv oder zerstörerisch?

Eppler: Sie war jedenfalls unausweichlich! Die Vorstellung ist ja vollkommen inakzeptabel, dass es auf dieser Erde auf ewige Zeiten arme und reiche Länder geben sollte; dass Menschen auf der einen Seite leben wie wir und auf der anderen so wie in der Zentralafrikanischen Republik. Dabei leugne ich nicht die Probleme.

Die Vorstellung, dass es auf der Erde auf ewige Zeiten arme und reiche Länder geben sollte, ist vollkommen inakzeptabel.

Ich habe ja seinerzeit als Minister die Strategie der Grundbedürfnisse vorangetrieben. Da war ich mir sogar mit dem damaligen Weltbankpräsidenten Robert McNamara einig: Nahrung, Wohnung, Gesundheit, Bildung sollten Priorität haben, und wenn die Schule nur aus vier Pfosten mit einem Dach darüber besteht. Vieles von diesen elementaren Bedürfnissen ist bei der heutigen Globalisierung leider auf der Strecke geblieben, weil man die Staaten ausgehungert und zu vieles privaten Unternehmen überlassen hat. Trotzdem: Tendenziell haben die Entwicklungsländer profitiert. Ich halte die Bilanz insgesamt für positiv. Auch wenn es eine Menge Opfer gibt.

Grefe: Opfer sind nicht zuletzt die Umwelt und das Klima. Und damit alle …

Paech: Richtig, durch diese Form der Globalisierung werden sozial- oder entwicklungspolitische Ziele auf dem Rücken der Ökosphäre ausgetragen. Kurzfristig geht das vielleicht gut. Aber langfristig bedeutet die globale Verbreitung des Autos, des Smartphones oder des Flugverkehrs die Zerstörung der Lebensgrundlagen. Das ist wiederum eine Ursache für Fluchtbewegungen. Wenn Afrikaner auf ihrem Display Bilder unseres Wohlstandes sehen, dann hält sie nichts mehr in ihren Dörfern und Elendsvierteln. Damit werden in den Herkunftsländern die Kultur und auch Ökonomie zerstört; Stabilität und Resilienz werden untergraben. Die Globalisierung kultiviert Ansprüche, die in keinem Verhältnis zu unseren

Ressourcengrundlagen stehen. Der schnelle Wohlstand hat keine dauerhafte Basis. Umso tiefer fallen die Menschen besonders in den Entwicklungsländern, wenn der Budenzauber vorbei ist; zum Beispiel weil sich Rohstoffpreise verändern.

Die Regierungen solcher armen Länder stehen vor der Frage: Will ich den Spatz in der Hand oder die Taube auf dem Dach? Resilienz, also Stabilität gegenüber Krisen, würde bedeuten, den Spatz in der Hand zu halten und sich weiter auf regionale Strukturen der Selbstversorgung zu stützen. Wenn die Taube auf dem Dach wegfliegt, also die Industrie ins Stocken gerät, falle ich ins Bodenlose. Dieses Risiko sollte nicht unterschlagen werden, wenn man das Wirtschaftswachstum dafür lobt, dass nun zig Millionen Chinesen VW fahren können.

Eppler: Sie haben gerade wahrscheinlich die entscheidende Aufgabe der Entwicklungspolitik definiert. Denn auch in den Entwicklungsländern muss der Wandel natürlich gestaltet und Wohlstand verteilt werden. Deshalb würde ich zu der nach wie vor notwendigen Strategie der Grundbedürfnisse heute hinzuzählen, dass auch eine funktionierende Staatlichkeit gewährleistet werden muss. Der Staatszerfall gerade im Süden ist ja nicht nur ein Sicherheitsproblem. Nehmen Sie Tansania als Beispiel: Das ist ein sehr armes Land, aber nicht zuletzt als Erbe des weitsichtigen ersten Staatspräsidenten Julius Nyerere, den ich noch kennengelernt habe, hat es einen relativ gut funktionierenden Staat. Dort lebt man bis heute besser als in anderen afrikanischen Ländern, die vielleicht wirtschaftlich ein höheres Niveau haben, aber zerfallende Regierungs- und Verwaltungsstrukturen.

Wir haben heute keinen einzigen zwischenstaatlichen Krieg mehr – und trotzdem unendlich viel Gewalt, die aus der Zerstörung von Staatlichkeit resultiert. Das ist die Folge einer globalen, neoliberalen Politik, die den Staat auch mit ihren Privatisierungsauflagen systematisch untergraben hat; einer Politik von Ökonomen, die nur noch in wirtschaftlichen Kategorien denken können und darüber nicht hinausschauen. Ein etwas anderes Beispiel ist der Irak: Da hat dieser naive George Bush den Staat zerstört und geglaubt, er könnte einfach auf diesem zertrampelten Boden etwas Wunderschönes aufbauen. Und jetzt haben wir ein undurchschaubares Gewaltchaos. Staaten zu stärken, die Verwaltung, die Institutionen: Das ist heute eines der wichtigsten Themen der Entwicklungspolitik. Das war zu meiner Zeit noch nicht so. Da konnte man noch auf die funktionierenden Verwaltungsstrukturen der alten Kolonialmächte bauen.

Staaten zu stärken, die Verwaltung, die Institutionen: Das ist heute eines der wichtigsten Themen der Entwicklungspolitik.

Paech: Das wäre eine ganz neue Entwicklungsstufe in der internationalen Zusammenarbeit. Statt Scheckbuchpolitik lieber Unterstützung beim Aufbau gut funktionierender demokratischer Systeme. Das leuchtet mir ein.

Grefe: Unterstützung der Rechtsstaatlichkeit gehört heute schon zu den 17 Zielen für nachhaltige Entwicklung, auf die sich die Weltgemeinschaft im Jahr 2015 geeinigt hat. Diese Ziele gelten universell, sie machen Nachhaltigkeit zur gemeinsamen Aufgabe aller Gesellschaften – ob arm oder reich. Auch Deutschland ist in diesem Sinne jetzt ein Entwicklungsland. Viele betrachten das als einen positiven Paradigmenwechsel. Sie auch?

Eppler: Das halte ich für einen wirklichen Fortschritt – jedenfalls, wenn man Nachhaltigkeit im englischen Verständnis von *sustainable*, also langfristig durchhaltbar, meint. Man wird allerdings sehr genau darauf achten müssen, ob Politiker Nachhaltigkeit am Ende doch nur als Modewort für ihre Sonntagsreden benutzen oder ob sie die Ziele tatsächlich ernsthaft praktisch umsetzen. Da habe ich noch meine Zweifel.

Im Übrigen muss ich auch bei diesem Thema sagen: Da waren wir schon einmal. Während meiner Zeit als Entwicklungsminister haben wir mit dem damaligen Weltbankpräsidenten und dem kanadischen Ministerpräsidenten bei unserer Strategie der Grundbedürfnisse nicht fünf Prozent Wirtschaftswachstum im Jahr als Ziel der Entwicklungspolitik formuliert, sondern Nachhaltigkeit. Das ist alles wieder kaputt gemacht worden.

Grefe: Wenn diese neuen Ziele ernst genommen werden, dann ist schon deshalb klar: Auch wir müssen uns ändern. Auch aus ihnen folgt für den Klimaschutz: Weil die Ökonomien der armen Länder Wachstum brauchen, müssen Emissionen in den reichen Ländern umso dramatischer sinken – und damit vermutlich tatsächlich auch die Wachstumsraten. Ist das nicht ein starkes Argument für den radikaleren gesellschaftlichen Wandel, der Niko Paech vorschwebt? Oder aber, und hier liegt ja anscheinend Ihr Dissens: Reicht es, wenn das Wachstum durch den Umstieg auf Ökoenergie und Umwelttechnologien grüner wird? Interpretieren Sie, Herr Eppler, das »selektive« Wachstum heute auf diese Weise?

Eppler: Ich habe tatsächlich das Gefühl, dass das, was man heute »Green Growth« nennt, eigentlich der Versuch einer Antwort auf meine alte Frage ist: Was soll noch wachsen? In dieser Form hat das Thema die Politik tatsächlich erreicht, da haben Sie recht, Herr Paech. Ich habe aus Ihren Texten und auch aus unserem Gespräch jetzt den Eindruck gewonnen, dass Sie damit schon gar nichts mehr anfangen können, sondern weit darüber hinaus sind. Aber wenn ich mir die letzten 44 Jahre in Erinnerung rufe, wenn ich mir noch einmal vor Augen führe, wie lange diese Erkenntnis gebraucht hat und wie heftig zuvor dagegen gekämpft wurde, dann ist das doch in meinen Augen ein beträchtlicher Fortschritt. Ich möchte diejenigen, die wenigstens das begriffen haben, die jetzt allem voran die Energiewende stemmen und fossile Quellen durch Sonne, Wind oder Wasser ersetzen, nicht entmutigen. Gewiss, das geht alles noch nicht schnell genug. Aber es ist eine neue Qualität des Denkens. Dass Sie genau diese Errungenschaft wieder infrage stellen – das kann ich nicht nachvollziehen.

Die Autoren und der Verleger Jacob Radloff im Gespräch

Kapitel 3

»Entschuldigung, Ihr Pessimismus leuchtet mir nicht ein …«

Energiewende versus Lebensstilwende – ein Widerspruch?

Grefe: Lassen Sie uns diesen Dissens genauer betrachten. Warum kritisieren Sie das grüne Wachstum so scharf, Herr Paech, und dabei besonders ausgerechnet die Energiewende, die weltweit als das größte praktische Hoffnungsfeld der Klimaschutzpolitik gilt?

Paech: Weil selbst in einem vollständig solar gewandelten System keineswegs automatisch gewährleistet ist, dass die Umwelt hinreichend geschützt wird. Für mich ist klar, dass die Einhaltung ökologischer Grenzen eine Schrumpfung des Bruttoinlandsproduktes voraussetzt. Damit ist nicht ausgeschlossen, dass selbst in einer kleiner werdenden Volkswirtschaft bestimmte Sektoren Zuwächse erzeugen. Aber im Saldo kann kein Wachstum mehr herauskommen.

Eppler: Aber bei der Energiewende ist doch völlig klar, dass auch etwas schrumpft. Schrumpfen müssen die Atomenergie und alles, was CO_2 produziert, also die Verbrennung von Öl und vor allem von Kohle. Beim Erneuerbare-Energien-Gesetz soll dafür der Einspeisevorrang für grünen Strom sorgen. Schrumpfen muss auch der Verkehr, zugunsten beispielsweise von Elektroautos, deren Strom aus erneuerbaren Energien kommt. Der Tatbestand, dass das Wachstum der einen Branche dann zunächst noch Investitionen erfordert, die dann auch in die Wachstumsstatistik eingehen, ist für mich völlig uninteressant. Noch einmal: Dieses Denken empfinde ich als positiven Fortschritt gegenüber dem bisherigen, als es einfach nur hieß: Das Bruttosozialprodukt muss hoch, egal wie.

Paech: Ich will meine kritische Position an den beiden Beispielen deutlich machen, die Sie genannt haben: der Energie und dem Verkehr. Da höre ich bei Ihnen die Hoffnung heraus, wir könnten durch Elektromobile, die angeblich kein CO_2 erzeugen, den notwendigen Beitrag zum Klimaschutz hinbekommen. Wenn jetzt aber jedes fossile Auto durch ein elektrisches ersetzt wird, wird keine hinreichende ökologische Entlastung eintreten, sondern vielleicht sogar das Gegenteil. Denken Sie an die Produktion der E-Mobile und die Entsorgung der fossilen Modelle. Ich wäre nur dann bei Ihnen, wenn Sie sagen würden: Sollte die Produktion der Elektromobile selektiv wachsen, muss die Zahl der fossil angetriebenen

Autos viel, viel schneller und in deutlich größeren Dimensionen runtergehen. Im BIP-Maßstab kann das nur ein negativer Saldo sein, und das sollten wir auch ehrlich sagen.

Bei der Energieerzeugung wäre das genauso wichtig. Ich bin eben nicht der Meinung, dass der Atomausstieg den Freiraum schafft, nun woanders unkontrolliert zu wachsen. Warum nicht den wegfallenden Atomstrom durch radikale Einsparung ausgleichen, statt gleich wieder neue Kapazitäten aufzubauen, die suggerieren, dass Klimaschutz ohne Einschränkung zu haben ist.

Verstehen Sie mich nicht falsch: Natürlich brauchen wir eine Energiewende. Auch ich kann nicht ganz ohne Elektrizität leben. Aber die regenerative Energie kann die fossile und atomare Energie in den Mengen, die wir jetzt brauchen, niemals vollständig ersetzen – außer wir rasieren die letzten Wälder ab. Schon deshalb lenkt selektives Wachstum vom Problem ab. Und die derzeit so bezeichnete Energiewende beruht auf dem falschen Versprechen, dass die Erneuerbaren den Job machen.

Eppler: Entschuldigung, Ihr Pessimismus leuchtet mir nicht ein. Denn tatsächlich werden doch nicht nur Atomkraftwerke stillgelegt, sondern auch schon die ältesten Stinker unter den Kohlekraftwerken. Gewiss, es sind zu wenige, und leider ist unser lieber Freund, der Wirtschaftsminister Sigmar Gabriel, genau darauf aus, das Tempo dieser Entwicklung möglichst zu verlangsamen – anders sind viele Einschränkungen, die er jetzt dem Erneuerbare-Energien-Gesetz beigebracht hat, wohl nicht zu erklären.

Grefe: Erheben Sie bei diesem Thema in Ihrer Partei eigentlich Ihre Stimme?

Eppler: Gegenüber Sigmar Gabriel schon. Aber ich bin ja in keinem Gremium mehr, das Mehrheiten organisiert.

Grefe: Aber Sie sind eine Autorität für Sozialdemokraten …

Eppler: Für Gabriel eher nicht. Aber auch er nimmt ja nicht komplett Abschied von der Energiewende. Und besonders Barbara Hendricks, die ursprünglich gar keine Ökologin war, kämpft jetzt als Umweltministerin tapfer und mit Erfolg für alles, was politisch gerade durchsetzbar ist. Zugleich treiben wir längst auch die effizienteren Nutzungsformen voran. Ich habe da draußen im Schrank nur noch Glühbirnen liegen, die etwa ein Achtel des Stroms fressen im Vergleich mit den alten. Sie sind noch ein bisschen teurer, sparen aber eine Menge ein. Und wenn man eines Tages mal so weit ist, dass 90 Prozent der Stromerzeugung von der Sonne kommen, dann sehe ich nicht ein, warum das dann noch schrumpfen muss.

Paech: Weil auch erneuerbare Energien eben nicht konfliktfrei und zum ökologischen Nulltarif zu haben sind. Es sprießen doch schon die Initiativen aus dem Boden, die den Bau neuer Windkraftanlagen bekämpfen. Die Menschen wollen nicht in Landschaften leben, in denen die Natur zur Nebensache erklärt worden ist. Sie sagen: bis hierher und nicht weiter. Und was machen wir, wenn allein die Verdopplung des heutigen Windkraftanteils bedeuten würde, dass in Baden-Württemberg die Wälder mit riesigen Anlagen durchsetzt werden müssten?

Die Menschen wollen nicht in Landschaften leben, in denen die Natur zur Nebensache erklärt worden ist.

Grefe: Gerade Baden-Württemberg hat doch als langjähriges CDU- und Atomstromland noch kaum Windräder gebaut.

Paech: Es werden inzwischen Landschaftsschutzgebiete aufgehoben, um Platz für Windturbinen zu schaffen, so auch in meiner eigenen Stadt. Deshalb wird es künftig eine Menge Ärger geben, genauso wie um den Bau der Übertragungsnetze. Hinzu kommt, dass die Möglichkeiten der Erneuerbaren fast religiös überschätzt werden. Wegen der Volatilität von Wind und Sonne hängt ihr Potenzial von Übertragungsnetzen und Speichertechnologien ab – zwei bis dato völlig ungelöste Probleme. Also muss man sich der Frage nach angepassten Gewohnheiten zuwenden!

Eppler: Wenn sich wirklich herausstellt, dass nicht alles erreichbar ist, was wir uns jetzt erhoffen, dann wird diese Diskussion auch ganz von selber aufkommen. Aber für diesen Pessimismus ist es doch noch viel zu früh. Die Energiewende krempelt die Rohstoffgrundlage und wichtigste Infrastruktur des Lebens und Wirtschaftens um. Das ist ein langwieriger Prozess, er bringt seine eigenen Innovationen hervor – und er hat gerade erst begonnen. Ohne ihn gibt es keinen Klimaschutz.

Paech: Wenn man sich die Verläufe der CO_2-Emissionen in Deutschland anschaut, dann stellt man fest: Nur einmal gab es eine prägnante Senkung, und das war 2009 als Reaktion auf die Finanzkrise. Kaum war sie beseitigt, stiegen die Emissionen wieder an, trotz ständig neuer Rekorde im Ausbau von Wind und Sonne. Das Erneuerbare-Energien-Gesetz hat also nicht viel bewirkt, während ein Rückgang des BIP sofort die CO_2-Emissionen senkte.

Eppler: Noch einmal: Wir befinden uns erst ganz am Anfang eines riesigen Strukturwandels! Und da wird noch immer mit den alten Energiemächten gerauft. Dafür braucht man Bataillone, auch kluge Leute wie Sie. Sie müssen doch bedenken, wo heute die eigentlichen Fronten sind! Es sieht momentan keineswegs so aus, als könnten wir die Klimaziele von Paris erreichen. Angela Merkel tut ziemlich infam immer wieder so, als ginge Deutschland voraus, aber in Wirklichkeit bremst sie nach wie vor und rudert immer wieder zurück. Wenn ich die Möglichkeit hätte und noch im Parlament säße, dann würde ich Angela Merkel für diese Politik wirklich stellen – so wie es sich gehört in einer ordentlichen Demokratie. Ich sag's noch einmal: Der ganze Kampf um die Kohle ist noch längst nicht entschieden. Selbst wenn mir scheint, dass der Niedergang vielleicht schneller vonstattengeht, als wir meinen, weil das Kapital tendenziell lieber dahin geht, wo sich Neues entwickelt, und daher beginnt, aus der Kohle auszusteigen. Die Energiewende hat ihr eigenes Recht im Blick auf das Klima. Und wenn die Temperaturen um vier Grad steigen, dann steht Ihre Postwachstumsgesellschaft auch nicht mehr zur Diskussion.

Angela Merkel tut ziemlich infam immer wieder so, als ginge Deutschland voraus. Aber in Wirklichkeit bremst sie nach wie vor.

Paech: Natürlich halte auch ich die regenerativen Quellen für weniger schlimm. Aber wer die Kohle verdrängen will, schafft das nicht durch ein Wachstum der Energieerzeugung, sondern nur durch den Rückbau der Energienachfrage. Ich trete für eine ökologie- und naturverträgliche Energiewende ein. Das bedeutet, Anlagen nur auf Dächer, Industriebrachen, stillgelegte Autobahnen und Flughäfen zu bauen. Die Differenz zwischen der Energiemenge, die so erzeugt werden kann, und dem momentanen Verbrauchsniveau müsste eingespart werden. Wir haben schon jetzt zu viele Landschaften in verwertbare Ressourcen umgewandelt, durch Wind-, Biogas- und Photovoltaikfreiflächenanlagen.

Grefe: Da ist doch mit Anbau- und Ausbaubeschränkungen bereits politisch umgesteuert worden?

Paech: Aber es geht nicht darum, die Erneuerbaren pauschal zu beschränken, sondern um Rahmenbedingungen, die verhindern, dass durch sie andere ökologische Schäden verursacht werden. Dabei sind übrigens auch die Anlagen selbst ein Problem. Die werden immer größer und leistungsfähiger – und dabei ökologisch verheerender. Nehmen Sie das Beispiel Neodym. Diese Substanz wird in großen Mengen für die Permanentmagneten getriebeloser Windturbinen benötigt. Unweit einer der wichtigsten Neodymförderstätten in China befindet sich eine riesige Freiluftgiftmülldeponie. Das ist ein See, in dem 60 000 bis 80 000 Tonnen an radioaktivem Thorium und Uran vermutet werden als Nebenprodukt aus der Neodymförderung.

Grefe: Einige Experten sagen, diese Strahlungsemission sei die Folge rücksichtsloser Methoden beim Abbau und lasse sich auch vermeiden.

Paech: Aber die Förderung der Seltenen Erden ist auch wegen des Booms an getriebelosen Windkraftanlagen laufend angestiegen. Um den radioaktiven Giftmüll zu vermeiden, werden in Aurich Turbinen mit Ringgeneratoren gebaut. Diese Lösung ist zwar sauberer, aber nur graduell, denn dafür wird tonnenweise Kupfer benötigt. Hier zeigt sich die Essenz des grünen Wachstums: Technische Innovationen verlagern Umweltschäden, statt sie zu lösen. Solche Probleme sollte man nicht übersehen, Herr Eppler. Wir müssen mit einer Reduktion unserer Ansprüche den Möglichkeiten einer ökologischen Nutzung der Erneuerbaren entgegenkommen.

Eppler. Dagegen hat ja niemand etwas. Aber es werden doch immer wieder neue Optionen weiterentwickelt und erforscht, und ich kann nur sagen: Was unser baden-württembergischer SPD-Bundestagsabgeordneter Hermann Scheer für die Klimapolitik gemacht hat, das war aus meiner Sicht genial. Das Erneuerbare-Energien-Gesetz war nun wirklich ein politischer Durchbruch. Es hat die Wirklichkeit verändert, nicht nur in Deutschland, sondern in vielen Ländern der Welt! Es hat überhaupt erst die Chance einer Alternative eröffnet. Diese Leistung können Sie doch nicht schmälern.

Das Erneuerbare-Energien-Gesetz war ein Durchbruch. Es hat die Wirklichkeit in vielen Ländern der Welt verändert!

Paech: Ich bewundere Hermann Scheer und bin bis heute tief betroffen darüber, dass er so früh gestorben ist. Überdies würdige ich, dass er nicht nur die solare Weltwirtschaft propagiert, sondern sich auch in anderen Politikfeldern kritisch zu Wort gemeldet hat. Aber auch Scheer hat – genau wie viele Grüne – die technischen Möglichkeiten der Wind- und Solarenergie überschätzt. Wir kriegen damit eben nicht alle Probleme gelöst. 2015 hatte die Photovoltaik einen Anteil an der verbrauchten Primärenergie von etwa einem Prozent. Der Anteil der Windenergie lag bei 2,4 Prozent. Wenn diese geringen Mengen überdies ins Verhältnis zum ökologischen und ökonomischen Aufwand gestellt werden, der dafür nötig war, reibt man sich die Augen.

Grefe: Auch Scheer hat, was man immer übersieht, Sparsamkeit und Effizienz bei der solaren Wirtschaft einbezogen. Und Sie scheinen mir die Leistungen der Energiewende auch herunterzurechnen: Sie beziehen den Aufstieg der Erneuerbaren auf die Primärenergie. Aber bei der Stromerzeugung sind die Erneuerbaren schon jetzt auf einen Anteil von 35 Prozent gekommen, bei der Wärmeerzeugung immerhin auf 13 Prozent, in nur wenigen Jahren. Bei der Installation von Solaranlagen und der Verbindung von Strom und Wärme in den Städten hat man überhaupt noch nicht richtig begonnen … Sind Sie nicht zu pessimistisch?

Paech: Fast alles, was in politischen Sonntagsreden über die erneuerbaren Energien erzählt wird, betrifft nur die Bruttostromproduktion. Dabei müssen außerdem Flugzeuge, Schiffe, Gütertransporte und PKW angetrieben, Häuser beheizt, Konsumgüter und Lebensmittel hergestellt werden. Diese Bereiche lassen sich nicht einfach alle elektrifizieren. Überdies werfen auch Elektromobile und Passivhäuser riesige Ressourcenprobleme auf, wenn man an die derzeit geforderten Quantitäten herankommen will. Wo immer man tiefer bohrt, brechen die technischen Visionen in sich zusammen. Daraus folgt nicht, dass diese Technologien per se falsch sind, wohlgemerkt, wenn sie als zweiter Schritt nach einer prägnanten Reduktionsstrategie erwogen werden. Aber wir huldigen ihnen und lenken von der Notwendigkeit einer Selbstbegrenzung ab.

Eppler: Diese Selbstbegrenzung wurde sowieso vernachlässigt, vollkommen unabhängig von der Bereitstellung erneuerbarer Energien. Ich muss die Frage immer wieder stellen: Hat das, was man heute weltweit »Klimapolitik« nennt, also die Umstellung von fossilen auf erneuerbare Ressourcen, innerhalb des gesamtökologischen Themas eine eigenständige Berechtigung – oder nicht? Muss die Bereitstellung alternativer Energieerzeugung nicht wirklich Vorrang haben, weil sonst die Atmosphäre noch viel stärker aufgeheizt wird? Denn bei einer Erhöhung der Erderwärmung von drei, vier

Grad leben wir in einer anderen Welt. Ganze Regionen werden dann nicht mehr bewohnbar sein. Ich halte diesen Teil der Klimapolitik für entscheidend – gerade weil er gegen alte Interessen so schwer durchsetzbar ist. Wenn es nicht gelingt, dass unsere Gesellschaft ihren ungeheuren Energiebedarf so deckt, dass daraus nur noch ein Minimum an Treibhausgasen entsteht, dann braucht man über vieles andere gar nicht mehr zu reden.

Paech: Mich stört es, wenn Sie sagen: »ungeheurer Energiebedarf«. Es ist doch grotesk: Würden wir im Verkehr nur acht Prozent an Energie sparen, entspräche das dem gesamten Output der Windenergie. Aber an diese heilige Kuh wagt sich niemand heran. Lieber werden Wälder zerstört. Wir müssen den Bedarf senken!

Eppler: Das stimmt bei uns – aber weltweit gesehen, wird es doch auf jeden Fall noch eine immense Steigerung geben, weil die Entwicklungs- und Schwellenländer einen wirklich riesigen Nachholbedarf haben und auch einen Anspruch darauf! Und wenn Sie da so skeptisch sind, dann wundert's mich: Müssten Sie nicht zuallererst mehr Bevölkerungspolitik fordern? Die Menschheit wird wahrscheinlich von sieben auf zehn Milliarden Männer und Frauen wachsen, all diese Menschen werden Geld verdienen und es ausgeben wollen. Dann werden die CO_2-Emissionen erst richtig dramatisch.

Und wenn Sie alle technischen Möglichkeiten in ihrer Bedeutung kleinmachen, dann müssten Sie doch alles tun, um das Bevölkerungswachstum zu begrenzen. Davon ist aber seltsamerweise weder bei Ihnen noch in der breiteren Öffentlichkeit die Rede.

Paech: Dafür gibt es wohl gute Gründe. Die Grausamkeiten, die in Indien und China mit der Ein-Kind-Politik ausgelöst wurden, haben viele davon abgeschreckt, dieses heiße Eisen anzufassen. Das gilt auch für mich. Es stößt an die Grenzen dessen, was mit demokratischen Rechten vereinbar ist, wenn anderen Menschen vorgeschrieben wird, wie viele Kinder sie bekommen dürfen. Es ist schwer zu legitimieren, in die Autonomie von Menschen und Kulturen einzugreifen. Überdies sehe ich im Bevölkerungszuwachs auch nicht das größte Problem. Die jüngsten Studien gehen davon aus, dass wir infolge der Verstädterung und der globalen Verbreitung höherer Bildungsstandards vermutlich bei etwas mehr als 8 Milliarden Menschen ankommen werden. Und wenn wir unsere Konsumansprüche vorsichtig senken, wenn wir weniger Flächen für Industrie, Energie und Verkehr verbrauchen, reichen die Ressourcen für eine Landwirtschaft, mit der wir 8,5 Milliarden Menschen satt bekommen. Auch eine moderate Versorgung mit Energie und Konsumgütern wäre möglich – wenn wir in Europa ein neues Vorbild liefern.

Eppler: Zuerst müssen wir den Entwicklungsländern und vor allem den afrikanischen Ländern dringend dabei helfen, die fossilen Quellen zu überspringen. Wenn diese Länder ihre Energieinfrastruktur von vorneherein erneuerbar gestalten, dann ist das übrigens auch soziologisch sehr interessant. Denn dann braucht man keine großen Leitungen und kann in den Dörfern Handwerke und kleine Industriebetriebe mit einfachen Maschinen einrichten. Dann entwickelt sich auch wirtschaftlich etwas, und nicht alle streben in die Städte.

Paech: Was Sie da schildern, Herr Eppler, finde ich großartig. Dörfer, die sich selbst mit Energie versorgen, um ein modernes Handwerk aufzubauen: Das sind gute und wichtige Vorschläge.

Eppler: Und diese Vorschläge praktisch umzusetzen wäre ohne unsere Pionierarbeit bei den erneuerbaren Energien gar nicht möglich.

Paech: Alles richtig. Aber meine Kritik an der Energiewende besteht eben auch darin, dass sie ein maßloses System erhalten will und uns somit die Fähigkeit nimmt, einen kulturellen Wandel zu erlernen, der zu einem »menschlichen Maß« führt, wie Leopold Kohr und Fritz Schumacher es nannten. Die hohe Aufmerksamkeit für technische Ansätze blockiert andere Lösungen. Ein Beispiel aus dem Verkehr: Ehe 1986 das erste Umweltministerium gegründet wurde, war ein Innenminister für das Thema zuständig, dem man alles andere zugetraut hätte als den Mut, einschneidende umweltpolitische Maßnahmen zu fordern – Friedrich Zimmermann von der CSU. Ausgerechnet er hat damals in einem Interview festgestellt: Wenn das Waldsterben so weitergeht, ist ein Tempolimit nötig, 100 Stundenkilometer auf Autobahnen, 80 auf Landstraßen. Doch dann wurde der Dreiwege-Katalysator erfunden – das Tempolimit war vom Tisch.

Die Energiewende will ein maßloses System erhalten und nimmt uns die Fähigkeit, einen kulturellen Wandel zu erlernen, der zu einem menschlichen Maß führt.

Eppler: Und das Waldsterben war auch bekämpft.

Paech: Seither redet aber niemand mehr über die Verkehrswende, selbst die Grünen nicht! Wäre dieser Katalysator nicht erfunden worden, hätte die Politik keine andere Wahl gehabt, als Einsparungen und Begrenzungen durchzusetzen.

Eppler: Sie halten also auch die erneuerbaren Energien nur für ein Alibi dafür, dass man insgesamt so weitermachen kann?

Paech: Ja, natürlich. Sie haben recht, dass sie alternativlos sind. Aber sie dürfen nicht von der Frage ablenken: Was darf sich ein Mensch noch an materiellen Freiheiten herausnehmen, ohne ökologisch und damit automatisch sozial über seine Verhältnisse zu leben?

Eppler: Ich habe ja durchaus Verständnis für Ihr Denken, Herr Paech. Ich habe im Landtag von Baden-Württemberg einmal eine wenig verstandene, heftige Kontroverse mit dem damaligen Ministerpräsidenten Hans Filbinger ausgetragen. Der sagte sinngemäß: Wenn die Technik Schäden verursacht, dann können diese Schäden auch mit der Technik wieder repariert werden. Daraufhin warf ich ihm vor, dass das ein sehr oberflächliches und nicht verantwortbares Denken sei. Aber Sie vertreten ja nun die radikal gegenteilige Ansicht. Sie sagen: Was die Technik leisten kann, ist im Grunde eine *quantité négligeable*. Das ist doch auf eine andere Weise unrichtig. Und, was mich wirklich stört: Sie werten alles ab, was zwischen diesen extremen Polen liegt und immerhin jetzt machbar geworden ist. Das stört mich schon deshalb, weil ich lange, jahrzehntelang!, genug darunter gelitten habe, dass auch das nicht machbar war. Ich bin froh für alles, was in die richtige Richtung geht – weil so vieles in die falsche geht.

Paech: Herr Eppler, ich behaupte ja nur, dass die Frage, wie wir Energie herstellen, erst die zweite sein kann, nämlich nachdem wir über eine Begrenzung des Verbrauchsniveaus Klarheit haben. Wie kommen wir von den 11 Tonnen CO_2 pro Kopf runter auf 2,7 Tonnen? Das ist allein technisch nicht zu lösen.

Grefe: Argumentieren Sie nicht zu statisch auf der Grundlage der heute bestehenden Technologien? Die Mengen an Solar- und Windstrom sind doch sofort unendlich viel größer, wenn man die Produktionsschwankungen mit Speichern ausgleichen kann. Viele Experten rechnen dann mit gigantischen Überschüssen und erwarten, dass es sich deshalb sogar mancherorts wieder lohnen wird, mit Strom zu heizen. Die Erforschung der Speicher ist aber jahrzehntelang systematisch torpediert worden, wahrscheinlich gerade weil sich die großen Energiemächte der systemsprengenden Wirkung bewusst waren …

Eppler: Richtig, das Thema wurde lange ignoriert. Nehmen wir als Ausgangspunkt der Energiewende das Jahr 2000, in dem das EEG beschlossen wurde. Die regenerativen Energien haben also gerade einmal 20 Jahre Zeit gehabt, sich – gegen heftige Widerstände der Versorgungsmonopolis-ten! – zu entwickeln. Wenn wir das geschafft haben, wenn wir tatsächlich so weit gekommen sind: Warum soll es dann nicht gelingen, innerhalb der nächsten 20 Jahre auch noch weitere technische Optionen zu entfalten, die das System vervollständigen? Dies zu einer Nebensache zu erklären, die Menschen damit zu entmutigen

Die Energiewende hatte gerade mal 20 Jahre Zeit … Warum soll es nicht gelingen, innerhalb der nächsten 20 Jahre weitere technische Optionen zu entfalten?

und den Druck aus der Entwicklung zu nehmen, das halte ich für politisch unverantwortlich.

Paech: Ich kann doch nicht unbequeme Wahrheiten zurückhalten, nur damit die Menschen nicht entmutigt werden.

Eppler: Technologische Stolpersteine zu Beginn einer neuen Entwicklung sind mit der Zeit immer erledigt worden.

Paech: Das genau ist der Unterschied zwischen uns: Ich behaupte, dass sie eben nie erledigt worden sind. Wir haben die Probleme immer nur verschoben. Im Umweltschutz haben wir die Schäden von einer physischen Dimension in eine andere überführt, oder wir haben sie in andere Kontinente ausgelagert und unsichtbar gemacht. Nehmen Sie die Speicher: Pumpspeicherkraftwerke sind irre ineffizient, die Landschaftsverbräuche sind elementar, es gibt große Widerstände der Bevölkerung dagegen. Batterien werden absehbar nur auf Lithiumbasis gelingen, und das ergibt ein großes Rohstoffproblem. Auch der Ansatz, Erzeugung und Verbrauch über *smart grids*, also intelligente Netze, zu steuern, erweist sich als verdammt kompliziert. Je mehr wir forschen, desto mehr Probleme sehen wir.

Eppler: Das ist immer so bei der Forschung.

Grefe: Und Probleme könnten gelöst werden … Letztlich liegt Ihr Dissens darin, dass Sie die Weiterentwicklung von Technologien unterschiedlich einschätzen.

Paech: Genau, ich teile einfach nicht diese Fortschrittsvermutung. Und das ist auch eine moralische Frage! Herr Eppler, wie kann ich das Schicksal der Umwelt, und damit der Menschheit, einem technischen Fortschritt anvertrauen, der noch gar nicht eingetreten ist, dessen zukünftiges Eintreten unbeweisbar ist und dessen Scheitern oder dessen Nebenfolgen sich erst herausstellen, wenn's zu spät ist? Wäre das nicht die Wiederholung eines alten Fehlers, den wir schon in den Siebzigerjahren kritisiert haben? Ich würde vorsorglich lieber auf Nummer Sicher gehen und auf Sparsamkeit setzen.

Wie kann ich das Schicksal der Menschheit einem technischen Fortschritt anvertrauen, der noch gar nicht eingetreten ist?

Grefe: Aber existiert die Sicherheit denn bei den anderen Optionen? Auch bei der Kohle gibt es sie nicht, da sind die Ressourcen endlich. Das wäre aber dann vor allem in den Schwellenländern die Alternative – bei der allerdings sicher ist, dass sie den Klimawandel aufheizt.

Paech: Das ist eine nicht akzeptable Polemik. Sie können nicht radikalen Ökologen, die aus der Naturschutzbewegung kommen, unterstellen, automatisch für Kohle zu sein, wenn sie sich schützend vor die letzten Naturgüter stellen. Schließlich sitze ich hier, weil es einen dritten Weg gibt, nämlich eine Postwachstumsstrategie. Es tut mir leid, aber mich erinnert der Glaube an die Machbarkeit der Energiewende an die Technikgläubigkeit der 50er- und 60er-Jahre, als Politiker sich in die Atomenergie verliebt hatten.

Eppler: Dass ich technologiegläubig sein soll, höre ich in fast 90 Jahren jetzt zum ersten Mal. Gerade mir wird doch normalerweise genau das Gegenteil vorgeworfen. Bei den erneuerbaren Energien ist wirklich etwas erreicht worden, und das nicht erst seit Frau Merkels Wende nach Fukushima, sondern bereits vor 40 Jahren. Nun gibt es etwas, das ich mir nicht einmal vor zehn Jahren hätte vorstellen können: nämlich einen politischen Konsens. Bei den einen ist er ernster gemeint als bei anderen, aber so gut wie ausnahmslos alle politischen Kräfte wollen heute den Umbau. Und dass Sie diesen Erfolg und den Kampf, ihn zu erreichen, derart abwerten, das ist unerhört für jemanden, der sein Leben lang um Mehrheiten, Zustimmung und die Durchsetzung ebendieses Ziels gekämpft hat.

Ich möchte noch ein anderes wichtiges Argument für die Energiewende nennen, vielleicht das Wichtigste. Ich habe die Entwicklung ja über Hermann Scheer ganz aus der Nähe mitbekommen. Er war einer unserer wichtigsten Leute in Baden-

Württemberg, wirklich ein Vollblutpolitiker, und er wollte mit seiner Energiepolitik jenseits des Wandels der Rohstoffbasis noch etwas ganz anderes erreichen: eine Dezentralisierung der politischen Macht. Die sollte den großen Konzernen entzogen werden, zugunsten kleiner Genossenschaften, die selbst produzieren; weg von den Zentren hinein in die Provinz. Wahrscheinlich war diese Diversifizierung und damit Demokratisierung der Energiewirtschaft für Scheer sogar eine der wichtigsten Antriebskräfte – und diese Perspektive habe ich geteilt. Ich habe nur nicht so viel darüber geredet, weil man sonst den Widerstand der Mächtigen noch stärker angestachelt hätte.

Schon der amerikanische Vordenker Amory Lovins hatte in seinen Arbeiten über sanfte Energien in den Siebzigerjahren darüber geschrieben, dass der Ausstieg aus der Kohle- und Kernenergie am besten dezentral funktioniert. Er sah das aus ökonomischen Gründen so: Während Atom und Kohle nur ökonomisch effizient werden, wenn riesige Anlagen große Mengen Strom erzeugen, glaubte er, dass sich Wind und Solarstrom am ehesten in dezentralen Dimensionen rechnen. Bei den erneuerbaren Energien sei es möglich, Energieproduktion und -verbrauch zu dezentralisieren, weil Solaranlagen auf Hausdächern, Wärmepumpen, Blockheizkraftwerke oder Nahwärmesysteme alle keine oder nur bedingte Übertragungsnetze brauchen. Man kann sie in Wärme- und Energienetzen auf Stadtteilebene verwirklichen und die Bürger politisch und ökonomisch daran beteiligen. Diese Dezentralisierung der Macht ist doch eine sehr gute Sache. Auch deshalb finde ich es so falsch, dass Sie diesen Umstieg abwerten.

Paech: Richtig, das ist alles möglich und sinnvoll und findet ja gerade meine Unterstützung. Aber damit lässt sich eben nur sehr wenig Energie produzieren. Der Strom reicht dann vielleicht aus, um ein Haus zu versorgen, und bestenfalls klappt es auch noch mit der Heizung. Aber unsere Industriegüter kommen ja ebenso wie die Lebensmittel meist nicht aus der Region, in der wir leben. Die Industrie zu dezentralisieren ist meist unmöglich, weil sie auf Größenvorteilen und Ressourcen mit hoher Energiedichte beruht. Dazu sind speicherbare und transportable Energieträger erforderlich. Wenn man von dezentralen Systemen redet, muss man den Menschen zugleich sagen, wie hoch der damit erreichbare Wohlstand dann noch ist. Die Voraussetzung für Ihren hervorragenden Ansatz wäre also ein Rückbau unerfüllbarer Ansprüche an Bequemlichkeit und Konsum. Außerdem: Die Wirklichkeit des Erneuerbare-Energien-Gesetzes hat längst dazu geführt, dass die Anlagen immer größer und das eingesetzte Kapital immer mehr zentralisiert wurden. Der ungeheure Energiehunger zwingt dazu, auch im Sektor der Erneuerbaren zusehends Größenvorteile auszuschöpfen. Wir erleben gigantische Investitionen in zentrale Erzeugungs- und Übertragungsanlagen, denken wir an Off-Shore-Parks.

Dezentrale Lösungen sind demokratischer und ökologischer. Aber den Wohlstand, der damit noch vereinbar wäre, muss man erst einmal aushalten. Er setzt genügsame Lebensformen voraus.

Eppler: Es sei denn, neu entwickelte Speicher funktionieren und werden immer billiger … Da setze ich nach wie vor große Hoffnung hinein. Und diese Genossenschaften, wie sie beispielsweise die Schönauer im Schwarzwald gegründet haben, anfangs wirtschaftlich vollkommen halsbrecherisch, um ihr Stromnetz zu kaufen und sich selbst zu versorgen: So etwas ist eben nur auf der Basis erneuerbarer Energien möglich.

Paech: Ja. Selbstverständlich. Das finde ich ja auch wichtig. Aber die Rolle solcher Unternehmen muss sich nach meinem Dafürhalten darauf ausweiten, nicht nur zu produzieren, sondern auch Einsparungen zu fördern und die energetische Sanierung von Gebäuden voranzutreiben. Mehr als 30 Prozent der Emissionen haben wir im Gebäudebereich, vor allem beim Heizen! Und auch sonst rechnen sich viele dezentrale Energiekommunen und -initiativen ihre Erfolge gerne mal schön. Ich kenne viele Projekte, von denen behauptet wird, dass sie sich komplett selbst versorgen. Aber oft geht's nur um den Verbrauch, der innerhalb des Dorfes anfällt. Das T-Shirt, der Urlaubsflug, die Lebensmittel, die Autos, die Konsumgüter etc. sind in der Berechnung nicht enthalten.

Grefe: Manche 100-Prozent-Kommunen produzieren aber auch Überschüsse und versorgen andere Kommunen bei Strom und Wärme noch mit. Und: Wenn sie in die Selbstversorgung einsteigen, steigt das Bewusstsein für die Begrenzung. Viele dieser Projekte beginnen gerade, weil die Strom- und Heizenergie knapp wird, intensiver über Effizienz und Einsparung nachzudenken, und organisieren die lokalen Möglichkeiten – zum Beispiel Kooperationen zwischen Unternehmen, die sich gegenseitig mit Kälte oder Wärme versorgen. Die Reihenfolge kann also umgekehrt sein: Die erneuerbaren Energien befördern die Beschränkung. Sind das nicht auch Lernprozesse in Ihre Richtung, Herr Paech?

Eppler: Ich denke auch, dass eine dezentrale Energiewende den Wandel, den Sie wollen, sogar erleichtern würde.

Paech: Ich komme ja nicht nur aus der Theorie, ich habe selbst eine Energiegenossenschaft mitgegründet und bin an Forschungsprojekten zur Umstellung des niedersächsischen Energiesystems beteiligt. Manche Erfahrungen, die ich dort sammle, etwa was die Lebensstile der Beteiligten angeht, machen mich nachdenklich.

Eppler: Ich will meine Position noch einmal etwas pathetischer formulieren. Manchmal, wenn ich meinen Urenkel krabbeln sehe, ergreift mich dieser Gedanke: Eigentlich reden wir in der Ökologie darüber, ob das Experiment Mensch gelingen wird oder ob es misslingt. Es gibt uns nun schon seit vielen hunderttausend Jahren, aber ich glaube, in den nächsten 100 Jahren wird die Entscheidung fallen, ob die Menschheit mit den Möglichkeiten dieses Globus zurechtkommt oder nicht. Die Bevölkerung wächst, und wir werden die fossilen Energien nicht nur einschränken, sondern zum größten Teil im Boden lassen und die ganze Geschichte mit dem Fracking schlicht vergessen müssen, damit dieser Planet bewohnbar bleibt. Die Energiewende ist eine der Grundbedingungen dafür. Das ist deutlich mehr als eine technische Umstellung, die angeblich am Grundproblem nichts ändert. Deshalb darf man sie nicht bagatellisieren.

Eigentlich reden wir in der Ökologie darüber, ob das Experiment Mensch gelingen wird oder nicht.

Paech: Und wir haben noch gar nicht darüber gesprochen, dass in diesem Bereich eine neue Energiekrise jederzeit möglich wäre. Das Fracking in den USA nährt die Hoffnung, wir hätten kein Ölproblem mehr. Aber dieser Budenzauber kann schnell vorüber sein, weil der Ölpreis paradoxerweise durch den Fördererfolg des Frackings unter das Niveau gefallen ist, das zur Kostendeckung erreicht werden müsste. Dass die Frackingblase platzt, ist deshalb vielleicht nur eine Frage der Zeit. Dann stehen wir vor einem Riesenproblem, das nicht mit erneuerbaren Energien zu lösen ist. Auch dagegen helfen nur genügsame, krisenresistente Lebensstile.

Vielleicht sollten wir auch mal über die Menschen reden, die das kapiert haben und willens sind, einen Schritt weiter zu gehen. Menschen aus der Postwachstums- oder Degrowth-Bewegung, die mittlerweile bereits reduktive Praktiken einüben! Da finde ich umgekehrt Sie zu pessimistisch, Herr Eppler. Und diese Leute will ich auch nicht entmutigen ...

Eppler: Tu ich doch gar nicht!

Paech: Diese Menschen brauchen eine konzeptionelle Heimat. Sie werfen mir immer wieder vor, dass ich einen radikalen Sprung fordere, der nicht durchsetzbar sei. Mitnichten! Im Gegensatz zu Ihnen meine ich, dass die Reduktion von Ansprüchen viel schneller und billiger zu haben wäre als langwierige technische Wege. Eine Flugreise nicht zu unternehmen oder ein Schnitzel nicht zu essen – das ist doch schnell gemacht. Nichts ist billiger, unkomplizierter und voraussetzungsloser umzusetzen als das pure Weglassen. Im Verkehr ist das noch wichtiger als bei der Elektrizität.

Und ja: Auch die Vorschläge eines Wirtschaftens ohne Wachstum bauen darauf, langsam, aber sicher einen immer größeren Anteil der Bevölkerung zu gewinnen. Dieses Argument, dass wir erst in Lernprozessen stecken, möchte ich auch für meinen Ansatz geltend machen dürfen. Es gibt auch Errungenschaften in Bezug auf postwachstumstaugliche Lebensstile und Versorgungsmuster. Es trifft gar nicht zu, dass ich von einer Utopie schwärme, während Sie von der praktizierbaren Wirklichkeit reden. Wir sind nur eine derart verwissenschaftlichte Gesellschaft geworden, dass wir die einfachsten Lösungen als Zumutungen empfinden.

Grefe: Richtig ist: Wenn Sie Vorträge halten, Herr Paech, dann können Sie sich über mangelnden Zulauf nicht beklagen, die Säle sind voll. Es gibt mittlerweile eine lebendige Postwachstumsbewegung, besonders unter jungen Leuten. Welche praktischen sozialen Innovationen überzeugen Sie da am meisten?

Paech: Ehe ich Beispiele für bestimmte Praktiken nenne, möchte ich etwas Wichtiges vorausschicken: Einzelne Handlungen sind nicht besonders aussagekräftig, sie beschreiben noch nicht den Nachhaltigkeitsbeitrag einer Person. Entscheidend ist die Gänze aller ökologisch relevanten Handlungen, die jeder Einzelne vollzieht. Andernfalls wird durch ausgewählte Praktiken eine symbolische Nachhaltigkeitsfassade aufgebaut, die das Gewissen erleichtert und ein politisch korrektes Image erzeugt, hinter der aber alles andere so weitergeht wie bisher oder – Stichwort Flugreisen – sogar ausgedehnt wird. Und das ist keine üble Nachrede, sondern harte Praxis.

Es ist doch seltsam: Überall steigt die Menge an nachhaltigen Produkten, Technologien, Projekten, Forschungseinrichtungen, Netzwerken, Literatur, Events, Innovationen etc. – und zugleich steigen die Pro-Kopf-Verbräuche. Selbst wenn wir also Beispiele finden, die wie selbstbestimmte reduktive Handlungen aussehen, müssen wir schauen, ob es sich dabei nur um Symbole oder um Elemente eines insgesamt reduktiven Lebensstils handelt. Denn dieselben Menschen, die vielleicht vegetarisch leben oder kein Smartphone haben, können sich gerade deshalb in anderen Lebensbereichen völlig ruinös verhalten. Ich nenne das »symbolische Kompensation«.

Anstelle einzelner Handlungen ist also nur maßgelblich, welchen ökologischen Rucksack und CO_2-Ausstoß ein Mensch am Ende des Jahres insgesamt angehäuft hat. Das klingt vielleicht etwas zu mathematisch. Aber es gibt keinen anderen Weg.

Eppler: Na ja, bislang bleiben aber wirklich neue Lebensstile nur in der Nische. Irgendjemand müsste Ihre Beispiele ja in Gesetzesform bringen, um sie relevant zu machen.

Paech: Nein. Es geht um eine regulative Idee. Kern einer Ethik des 21. Jahrhunderts müsste sein, dass sich jeder Mensch die Frage stellt: Was steht mir eigentlich zu? Was kann ich mir als einer von sieben oder bald acht Milliarden Menschen noch nehmen, ohne zu verbrauchen, was jemand anderem fehlt?

2,7 Tonnen CO_2 pro Kopf: Dieser individuelle Handlungsrahmen definiert im Klimaschutz die Balance zwischen Freiheit und Verantwortung. Und es ist offen, ob die Politik den Rahmen setzt oder wir uns selbst. Letzteres würde bedeuten, das Projekt der Aufklärung endlich zu vollenden. Nicht dass ich die Politik beiseiteschieben will. Aber wichtiger sind Menschen, die eine derart plünderungsfreie Praxis fröhlich als Beispiel vorleben.

Kern einer Ethik des 21. Jahrhunderts müsste sein, dass sich jeder Mensch die Frage stellt: Was steht mir eigentlich zu?

Grefe: Erzählen Sie uns ein paar konkrete Beispiele aus dieser fröhlichen Praxis; Modelle, an denen man schon deutlicher erkennen kann, was Ihnen vorschwebt.

Paech: Ich komme gerade vom Besuch einer Lebensgemeinschaft in Magdeburg. Da haben sich mehrere Familien zusammengetan, die versuchen, konsequent ökologisch und klimaschonend zu leben. Sie teilen viele Güter, leben sesshaft, nutzen Lastenfahrräder für Transporte in der Region, versorgen sich teilweise selbst und orientieren sich dabei an den individuellen CO_2-Bilanzen. Überdies haben sie sich als Genossenschaft organisiert. Viele andere Netzwerke oder Gemeinschaften lassen sich europaweit finden, die sich in ähnlicher Weise nicht mehr hinter einer Nachhaltigkeitssimulation verschanzen, sondern ernst machen mit einer postfossilen Mobilität, neuen Arbeitszeitmodellen und Produktionsformen. In der Schweiz ist zum Beispiel die Initiative *Neustart Schweiz* schon länger im Gespräch. Deren Grundidee baut genau auf dem Gedanken der guten Nachbarschaft auf, den Sie eingangs beschrieben haben, Herr Eppler. Damit sollen Versorgungsformen in Städten aufgebaut werden, die es Menschen ermöglichen, pro Kopf mit 1 000 Watt an primärer Energie auszukommen. Solche Initiativen zielen darauf ab, Geld, Technik und teilweise auch Politik durch ein ganz neues soziales Miteinander zu ersetzen. Sie wollen die gesamte Logik verändern, nicht nur einzelne i-Tüpfelchen ihres Konsums. Es geht um ein neues Verhalten des Einzelnen in einem sozialen Zusammenhang. Ich nenne das »Subjektorientierung«. Bisher haben wir uns nur an Objekten orientiert.

Repair-Cafés, Urban Gardening, Regionalwährung, Solidarische Landwirtschaft, Selbstversorgungskreise, Initiativen, die Wohnraum organisieren, um Neubauten zu verhindern: Das sind alles schöne Entwicklungen. Die kennt man mittlerweile auch. Aber wenn ich eine Transition-Town-Gruppe besuche, deren Mitglieder anschließend auf die Malediven fliegen, sind kritische Fragen nötig. Die Bionade schmeckt gut, das Baumwoll-T-Shirt ist fair, und das Passivhaus ist verbrauchsarm. Aber alle drei Objekte sagen noch nichts über den Käufer.

Eppler: Das ist eine Argumentation, der ich nicht folge. Ich habe das auch schon beim Lesen Ihres Buches irritierend gefunden. Da steht: »… per se nachhaltige Technologien und Objekte sind schlicht undenkbar …« Was bedeutet das?

Paech: Schauen Sie: Ein Passivhaus nutzt doch nichts, wenn der Mensch, der darin wohnt, zugleich ein schweres Auto mit Riesenrädern fährt und eine Flugreise bucht – vielleicht sogar, weil das Passivhaus das ökologische Gewissen erleichtert.

Eppler: Aber warum unterstellen Sie, dass er das tut? Immerhin hatte der Bewohner offensichtlich gute Gründe, mit einem Passiv- oder Plusenergiehaus Vorreiter zu sein.

Paech: Wir wissen, dass die Energieverbräuche im Gebäudebereich kaum sinken, obwohl immer mehr solcher Häuser gebaut werden.

Eppler: Trotzdem ist ein Haus, das weniger Energie braucht, eine gute Sache. Da kann einer drin leben, der auch sonst streng aufs Energiesparen aus ist, oder einer, der beruflich eine Menge reisen muss … Aber ist das denn ein Argument?

Paech: An der Anzahl der Ökohäuser kann man noch nicht erkennen, ob die Welt besser oder schlechter wird. Nicht Passivhäuser zählen, sondern die Ökobilanz jedes Einzelnen.

Warum eigentlich diese moralische Fokussierung auf den einzelnen Menschen?

Eppler: Warum eigentlich diese moralische Fokussierung auf den einzelnen Menschen? Für mich ist die Ökobilanz einer Gesellschaft im Gesamten interessant. Ich würde sagen: Jede Tat, die den CO_2-Ausstoß reduziert, ist gut – unabhängig davon, ob die jeweilige Person gelegentlich auch gegenteilig handelt.

Paech: Ein zusätzliches Haus heißt ja nicht, dass irgendwo etwas reduziert wird, es ist erst einmal eine Addition. Ich widerspreche Ihnen nicht, dass jede Tat zählt, aber dann sollten wir bitte auch jede weniger nachhaltige Tat, die vom selben Individum ausgeführt wird, ungeschönt einbeziehen.

Eppler: Zugleich muss man die Taten aber an dem messen, was sonst passieren würde. Es werden demnächst sehr viele neue Wohnungen gebraucht werden, und da ist es doch gut, wenn Passivhäuser möglichst schnell Standard werden. Mir erscheint Ihre Argumentation sehr moralisch.

Grefe: Das ist jetzt schon überraschend, dass Sie, Herr Eppler, ein Argument kritisieren, weil es Ihnen zu moralisch ist. Schließlich wurden gerade Sie ja in der SPD immer »Gewissen der Partei« genannt. Und eigentlich eint Sie auch mit Niko Paech, dass Sie beide in der Öffentlichkeit als Mahner wahrgenommen werden. Ist »Moralist« also ein Kompliment?

Eppler: Ja, »Gewissen der Partei« wurde ich genannt, aber ein Kompliment war das weder damals noch heute. Ich fand das immer albern. Politik verträgt das Reden über Moral fast gar nicht. Die Politiker, die ich als moralische Stützen meiner Partei erlebt habe – Gustav Heinemann, Fritz Erler, Willy Brandt –; sprachen selbst fast nie über Moral. Wenn ein Politiker das tut, dann muss man erst einmal ganz, ganz genau hinhören. Denn meistens will er damit sagen: Wir handeln moralisch – und die anderen sind unmoralisch. So war beispielsweise seinerzeit die geistig-moralische Wende von Helmut Kohl gemeint.

Paech: Das sehe ich genauso, die Zuschreibung »Moralist« ist kein Kompliment, denn sie wird meist im Sinne eines Moralpredigers gebraucht. Und trotzdem: Ich stehe dazu, ein Moralist zu sein. Ökonomie ohne Moral ist verheerend. Über die richtige Moral können wir streiten, aber wir können uns nicht um Moral herumdrücken. Adam Smith wird ja immer vorgeworfen, er sei eigentlich der gedankliche Urheber nicht nur der Marktwirtschaft, sondern auch des Neoliberalismus. Was ich meinen Kollegen in der Ökonomie nie verziehen habe, ist, dass sie sein Buch »Der Wohlstand der Nationen« immer aus seinem größeren gedanklichen Zusammenhang reißen. Denn vorher hat Smith ein Werk über Moral und Wirtschaft geschrieben. Erst nachdem für ihn geklärt war, was ein Mensch tun darf und was nicht, verfasste er »The Wealth of Nations«.

Für mich ist die moralische Frage heute, was sich ein Mensch angesichts der Klimaprobleme noch an Freiheiten herausnehmen darf. Die Verteilung der Ressourcen und das Recht, weiter emittieren zu dürfen, prägen die soziale Frage des 21. Jahrhunderts. Der Streit darum, wer sich noch wie viel nehmen kann, trifft den Kern der globalen Gerechtigkeit. Er wird über unser aller Zukunft entscheiden. Auch deshalb bin ich der Überzeugung, dass wir um die Postwachstumsökonomie und eine neue, nämlich ökologische verteilungspolitische Debatte nicht herumkommen.

Eppler: Damit mögen Sie recht haben. Aber ich möchte jetzt schon alles fördern, was dazu führen kann, dass wir die Menschen dann nicht überfordern.

Kapitel 4

»Das Politische hat eine eigene Würde«

Parteipolitik versus Zivilgesellschaft – und wie beide gemeinsam politische Ausdauer bewirken

Grefe: Die Wachstumskritik gründet neben der Sorge um den Erhalt der Ökosysteme und Ressourcen auch im Streit um mehr Gerechtigkeit – auf globaler Ebene ebenso wie innerhalb Deutschlands. Dort stößt die Wende zu Klimaschutz und Nachhaltigkeit schon jetzt auch deshalb auf Hindernisse, weil sie oft als elitäre Angelegenheit angesehen wird. Die Kritik lautet: Nachhaltig zu leben, das kann sich nur eine gut ausgebildete, wohlhabende Mittelschicht leisten – während andere strampeln müssen, um überhaupt Auto fahren oder mal ein Steak bezahlen zu können. Ist diese Kritik berechtigt?

Eppler: Die gab es schon früher, und die gibt es noch heute – und zu Recht. Auch ich habe eine gute Pension, aber ich bin die Ausnahme. Und wie ich die Menschen kenne, denen es weniger gut geht und die ganz genau auf jeden Cent gucken müssen, ist es nicht leicht, denen klarzumachen, dass sie weniger Fleisch essen und dafür mehr bezahlen sollen.

Grefe: Haben die Verfechter neuer Lebensstile, die meist aus der Mittelschicht kommen, die Gerechtigkeitsfrage zu lange ausgeklammert? Oder jedenfalls die Tatsache, dass es Leute gibt, die mehr rechnen müssen als sie selbst?

Paech: Diese Frage – besser: dieses Missverständnis – kriege ich oft zu hören: Wie kann man Menschen von Genügsamkeit überzeugen, die selber Schulden machen müssen, um alles finanzieren zu können, was sie brauchen …

Eppler: … und da gibt es viele …

Paech: Es gibt viele, wenngleich sie zumindest in Deutschland trotzdem eine Minderheit darstellen. Ich bin der Meinung: Die Mehrheit prasst. Die Frage nach der Gerechtigkeit in einer Postwachstumsökonomie muss natürlich gerade deshalb beantwortet werden. Einer meiner Doktoranden hat gerade ein Modell für ein Deutschland ohne Wirtschaftswachstum berechnet. Dabei hat er sogar ein Szenario durchgespielt, das auf absoluter Schrumpfung beruht, auf Degrowth, das heißt: einer Reduktion des realen Bruttoinlandsproduktes. Dann hat er versucht herauszufinden, ob die Gesellschaft das aushalten kann, und ist zu dem Ergebnis gekommen: Eine

Katastrophe ist das keineswegs, wenn wir diese Entwicklung mit verteilungspolitischen Maßnahmen flankieren. Laut seiner Studie müssten wir das Steuersystem verändern, wir müssten die immer noch möglichen Staatsausgaben auf Gesundheit und Bildung fokussieren statt auf den Straßenbau, und wir müssten die Arbeitszeit umverteilen. Das entspricht ja auch meiner Vorstellung: weniger Erwerbsarbeit, mehr Arbeit für Gemeinschaft und Selbstversorgung. Zudem befürworte ich eine Vermögenssteuer und eine gerechtere Einkommenssteuer.

Dennoch ist aus meiner Sicht die primäre Gerechtigkeitsfrage die nach der globalen ökologischen Verteilung. Mit maximal 2,7 Tonnen CO_2-Emissionen pro Kopf und Jahr auszukommen würde gar nichts anderes zulassen, als in den Industrienationen und damit in Deutschland eine Schrumpfung unserer Wirtschaft hinzunehmen. Und dies wiederum setzt eine Umverteilung der Arbeitszeit voraus, damit soziale Stabilität möglich wird. Es würde in einer Postwachstumsökonomie keine Arbeitslosigkeit geben müssen, wenn wir Vollbeschäftigung auf Basis einer 20-Stunden-Woche anpeilen.

Eppler: Es wird aber doch immer noch eine Gruppe von Menschen bleiben – und zwar eine wachsende –, die man in unserer technisierten Gesellschaft einfach nicht beschäftigen kann.

Paech: Aber dieses Problem haben wir doch in einem Wachstumsszenario erst recht, zumal es nur auf zunehmender Technisierung beruhen könnte. Im Übrigen: Die Sozialpolitik soll ja nicht abgeschafft werden, bestimmte Transfers wird es weiterhin geben müssen. Die Arbeit meines Doktoranden hat übrigens ein Vorbild in Kanada. Dort hat der Wirtschaftswissenschaftler Peter Victor eine Studie mit dem Titel »Managing without growth. Slower by design, not by desaster« vorgelegt. Sie müsste eigentlich Wasser auf Ihre Mühlen sein, Herr Eppler, denn hier spielen politische Gestaltungsvorschläge eine prominente Rolle.

Grefe: Der Publizist Mathias Greffrath hat einmal den Begriff »Dreizeitgesellschaft« geprägt: ein Drittel Zeit für das Arbeitseinkommen, eines für Ehrenamt und Familienarbeit, eines für sich selbst … Das klingt Ihrem Ziel ganz ähnlich. Aber wie kommt man in der 20-Stunden-Woche finanziell klar? Gibt es einen Lohnausgleich? Oder wäre die Voraussetzung ein bedingungsloses Grundeinkommen?

Paech: Das bedingungslose Grundeinkommen hebt die Verbindung zwischen Ansprüchen und Leistungen vollends auf. Das halte ich für absurd. Kein soziales System kann existieren, wenn Menschen bedingungslose Ansprüche stellen, ohne Leistungen mit einem adäquaten Gegenwert zu erbringen. Wer erzeugt die Güter, die sich jemand für das Grundeinkommen leisten kann? Maschinen, die ohne ökologische Plünderung nicht auskommen? Oder Menschen in asiatischen Sweatshops? Mein eigenes Modell beruht darauf, dass wir die Arbeitszeit gerecht verteilen, aber auf einem geringeren als dem 40-Stunden-Niveau. Die frei gewordenen Stunden widmen wir der ergänzenden Selbstversorgung.

Nicht mehr an Geld und Gütern zu hängen, sondern daseinsmächtig zu werden: Das ist für mich die wahre Freiheit.

Mir wird zuweilen vorgeworfen, ich sei auf dem sozialpolitischen Auge blind. Aber diese Kritik folgt der Logik einer Konsumgesellschaft. Sozial gerecht heißt dann, jedem ausreichend finanzielle Mittel zum Konsumieren zur Verfügung zu stellen. Aber wie kann etwas gerecht verteilt werden, was in einer gerechten Welt gar nicht hätte entstehen dürfen, weil es kein Überschuss ist, sondern aus Plünderung resultiert? Wenn aber Wohlstand anders definiert wird, nämlich als genügsames und autonomes Dasein, um nicht mehr an den Marionettenfäden von Wirtschaft und Politik zu hängen, sind nicht allein Geld und Güter, sondern Fähigkeiten entscheidend. »Daseinsmächtig«, so hat es die Philosophin Marianne Gronemeyer einmal genannt, ist, wer seine Ansprüche an das heranführt, was kraft eigener oder lokal verfügbarer Ressourcen und selbst gestalteter Möglichkeiten erlangt werden kann. Dies ist für mich die wahre Freiheit.

Daneben gibt es ein konservatives Element in meinem Denken, festgemacht an der Frage, woher eigentlich das Recht stammt, ständig neue Ansprüche an Mobilität, Technik und Konsum zu stellen. Eine schleichende Anspruchsexplosion stellt die Sozialpolitik vor zunehmend unlösbare Herausforderungen. Würde Gerechtigkeit auf einem geringeren Niveau thematisiert, wären damit zugleich viele ökologische Probleme angesprochen. Beim Automobil etwa wären der soziale und der ökologische Konflikt gelöst, wenn immer mehr Leute sagen würden: Ich brauche gar keines.

Eppler: Dem kann ich zustimmen, aber eben: wenn!

Grefe: Wie nehmen Sie denn Gemeinschaftsinitiativen wie Transition Towns oder ökologische Lebensgemeinschaften junger Leute wahr, Herr Eppler? Bleibt das Nischenexotik? Oder sehen Sie darin einen Beitrag zum Aufbau einer kritischen Masse, die womöglich die Gesellschaft doch stetig verändern kann?

Eppler: Ich kann mir solche Gemeinschaften sehr gut vorstellen. Aber eine kritische Masse, die auch einen gesetzlichen Rahmen ermöglichen würde und damit tatsächliche gesellschaftliche Bedeutung? Die erkenne ich noch lange nicht am Horizont. Erinnern Sie sich doch allein an den Aufschrei, den es gab, als die Grünen einen Veggieday einführen wollten. Das war erst im letzten Wahlkampf, und gleich wurden die Keulen herausgezogen: »Ihr wollt uns wohl vorschreiben, wie wir zu leben haben!« Diese Forderung hat die Grünen wahrscheinlich mehrere Prozent Stimmen gekostet.

Es wird halt immer schwierig, sobald jemand sagt: Wir schaffen nicht nur eine Spielwiese für diejenigen, die gern etwas Neues ausprobieren wollen. Wenn gefordert wird, dass die ganze Gesellschaft etwas anders machen soll, dann kommt man an eine Schwelle, von der ich meine, dass wir sie politisch noch lange nicht überwinden können.

Erinnern Sie sich an den Aufschrei auf den Vorschlag des Veggieday: »Ihr wollt uns wohl vorschreiben, wie wir zu leben haben!«

Herr Paech, ich akzeptiere ja Ihre Zielsetzung – aber der Politik ist sie schlicht nicht zu vermitteln. Wenn wir 40 Jahre gebraucht haben, um das Wachstum ergrünen zu lassen, dann werden wahrscheinlich selbst meine Urenkel eine praktische Umsetzung Ihres viel umfänglicheren Programms noch nicht geschafft haben. Es gibt doch keine Partei und auch innerhalb der Parteien kaum jemanden, der sich das zutrauen würde.

Paech: Sie haben sicher recht, wenn Sie sagen, dass eine Strategie der Wachstumsvermeidung oder sogar Rücknahme des Wachstums im Moment nicht nur in Deutschland keine Mehrheiten findet, sondern nirgendwo auf der Welt. Ich glaube ja selbst nicht, dass Politiker einen solchen Wandel voranbringen können. Wahlen gewinnt, wer mehr Geld oder neue Freiheiten verspricht. Aber sobald Regierungen Einschränkungen etablieren wollen, sind sie dem Kreuzfeuer der Mehrheit ausgesetzt. Das hält mich doch aber als Bürger und Wissenschaftler nicht davon ab, an der Idee einer Postwachstumsökonomie weiterzuarbeiten. Ich bin überzeugter Demokrat, ich will die demokratischen Institutionen erhalten und vielleicht sogar mit bestimmten Anteilen direkter Demokratie ausbauen. Aber Demokratie heißt für mich auch: Wenn ich etwas für richtig halte und im Rahmen bestehender Gesetze im Kleinen umsetzen kann, dann fange ich schon mal damit an. Vielleicht ist das die notwendige Vorbedingung dafür, dass irgendwann auch Mehrheiten daran partizipieren.

Eppler: Wie gesagt: Es ist ein Riesenumschwung, den Sie da wollen. Gegen den habe ich nichts – nur dagegen, dass Sie dafür das, was heute möglich ist, abwerten.

Paech: Wissen Sie, Umschwung … Meine Generation glaubt nicht mehr an den großen politischen Umschwung. Für uns kann es hinreichend sein, diejenigen, die wir heute erreichen können, zu ermutigen – auch wenn es zunächst nur eine Minderheit ist. Diese zu vernetzen oder als Wissenschaftler zu unterstützen ist eine Vorsorgemaßnahme, um für den Krisenfall gerüstet zu sein. Von dem dann geschaffenen Erfahrungswissen profitieren auch all jene, die eine Notwendigkeit zur Veränderung erst erkennen, wenn die Hütte brennt.

Grefe: Bei allen Kontroversen über Macht, Moral, die Durchsetzbarkeit der Energiewende und das Tempo des Wandels: Sie beide scheinen mir jetzt doch nah beieinander in der Einschätzung, dass eine neue Verteilung von Wohlstand und Arbeit und damit auch neue Lebensstile notwendig sind. Unterschiedlich schätzen Sie aber den Stellenwert der Politik ein bei der Frage, wie kleine Modelle aus der Nische kommen. Und Sie sehen das Tempo des Wandels verschieden. Angesichts der Fragilität der Finanzpolitiken und des Welthandels kann dieser Wandel aber womöglich sehr schnell dringlich werden. Also: Wie könnte die Vorbereitung auf eine gerechte Postwachstumsgesellschaft politisch weitergehen? Wer sind mögliche Verstärker?

Paech: Ich setze auf zwei Verstärker. Der erste besteht leider, wie gesagt, in Krisen. Ich glaube nicht mehr an die philosophische Grundidee, dass sich die Vernunftbegabung des Menschen in Verbindung mit seiner Freiheit langsam, aber sicher kollektiv durchsetzt. Das Vertrauen darauf, dass moderne Gesellschaften durch Aufklärung und Fortschritt letztlich doch dem Guten zum Durchbruch verhelfen, gerät nicht nur bei mir ins Wanken. Je länger wir uns weigern, die Notwendigkeit einer Reduktionsstrategie anzuerkennen, desto wahrscheinlicher werden Krisen, die uns vor sich hertreiben und uns genau jene Anpassungen abverlangen, die Teil einer Transformation in Richtung Postwachstumsökonomie sind. Die Finanz- und Eurokrise, die Flüchtlingskrise, Kulturkrisen, Sinnkrisen durch Reizüberflutung: Das sind im Grunde alles Eruptionen des globalen Wachstumswahns.

Der zweite Verstärker sind Postwachstumspioniere, ganz gleich, ob sie sich zur Minimalisten- oder Degrowth-Bewegung zählen. Hier entstehen Reallabore, die durch Übung vorwegnehmen, was demnächst ohnehin unvermeidlich wird. Ich hielte es für verantwortungslos, sich allein auf technologischen Fortschritt und die Politik zu verlassen. Mit einem Plan B können wir auch im Kleinen beginnen.

Eppler: Dagegen habe ich nichts.

Paech: Beobachtungen in Griechenland, Portugal und Spanien bestärken mich in dieser Überzeugung. Ich sehe zwar mit Schmerzen, dass die Volkswirtschaften dort abstürzen und Menschen mit nach unten reißen. Aber viele fangen jetzt an, zu improvisieren und Formen der Selbstversorgung zu organisieren, über die sie vorher gelacht haben. Das ist nur dann entwürdigend, wenn es unter Zwang geschieht. Wäre das in diesen Ländern früher wenigstens von einer Minderheit eingeübt worden, wäre die Krise glimpflicher verlaufen.

Grefe: Sind wir nicht schon an dem Punkt, an dem das auch politisch unterstützt und gestaltet werden kann und muss? Gewiss, konkrete Modellprojekte für Ihre »Gesamtkunstwerke« stecken noch in der Nische. Aber es gibt doch auch in der breiten Bevölkerung bereits einen gewissen Stimmungswandel, an den Politiker appellieren könnten. Umfragen und Artikel selbst in der Wirtschaftswoche spiegeln, wie sehr sich Menschen nach Entschleunigung, Verwurzelung und sozialer Nähe sehnen. Flexible Arbeitszeitmodelle breiten sich aus, weil besonders jüngere Leute auf das Hamsterrad keine Lust mehr haben. Regionale Produkte sind populär, Unternehmen schalten auf nachhaltige Produktionsweisen um. Kommunalpolitiker fördern das Zu-Fuß-Gehen, es gibt Bücher und eine interaktive Praxislandkarte für Suffizienzpolitiken, und Transition Towns werden von Stadtverwaltungen oder Forschungsministerien staatlich gefördert … Die Erfahrung kann man auch als ungeschickt kommuniziert lesen. Haben die Krisen schon einen Resonanzboden für gesetzliche Regeln geschaffen?

Paech: Allein mit der politischen Förderung zusätzlicher Maßnahmen lässt sich nicht viel erreichen. Sie führt oft zu der Teilzeitnachhaltigkeit, die ich angesprochen habe und die Sie auch beschreiben. Um ihre Gewissensbisse zu therapieren, robben die Leute dann am Dienstagabend mal ein bisschen durch den Gemeinschaftsgarten. Klar, es spricht nichts dagegen – aber es löst nicht das Problem. Wenn Politiker ernsthaft etwas erreichen wollten, dann müssten sie auf Beschränkungen setzen – davon bin ich nach Jahrzehnten der gescheiterten Nachhaltigkeitspolitik überzeugt. Die wirkungsvollste Politik besteht darin, direkt zu erschweren, was abgeschafft werden soll. Sonst kommt eine friedliche, aber ökologisch verheerende Koexistenz bisheriger Praktiken plus einiger Nachhaltigkeitszusätze heraus. Ein Importverbot für Kohle aus Kolumbien, ein Flächenmoratorium, Fahrverbote am Sonntag: Das wären effektive politische Schritte.

Grefe: An der Ökosteuer kann man allerdings sehen, wie schwer es ist, so etwas gegen Lobbyinteressen durchzusetzen. Mir fällt auf, dass viele engagierte Streiter aus der Zivilgesellschaft Politik und Parteien zwar dafür kritisieren, dass sie solche Gesetze nicht aufstellen. Aber kaum jemand steigt dann bei den Parteien ein, um von innen für solche Ziele zu werben und sie parlamentarisch voran zu bringen. Müssten Sie nicht längst wie seinerzeit die 68er bei der SPD oder den Grünen – oder bei welcher Partei auch immer es Ihnen am ehesten geeignet erscheint – aktiv werden, am besten gleich gruppenweise, um Ihren Kurs Schritt für Schritt durchzusetzen?

Paech: Dieser Gedanke ist absurd oder zumindest voreilig. Es hat noch nie in der Geschichte der Menschheit die Möglichkeit gegeben, gegen den Willen der Menschen Reduktionsleistungen zu verordnen. In der Demokratie wird nun mal gewählt, und die Bürger wollen ihre Konsummöglichkeiten am Ende eben nicht beschneiden lassen. Die Politik scheut aus Angst vor dem Wähler eine Reduktionsstrategie. Deshalb muss ihr von außen geholfen werden, diese Barriere zu überwinden. Hierzu bedarf es einer Basis dafür, dass immer mehr Menschen die Bereitschaft aufbringen, auch jenseits technischer Lösungen zum Klimaschutz beizutragen. Erst wenn diese Bereitschaft bei drei bis fünf Prozent der Menschen sichtbar wird, könnten Politiker die Angst verlieren.

> *Politik ist wie der Verstärker einer Stereoanlage. Wenn die Musik großer Mist ist, ändert der Verstärker nichts dran.*

Politik ist wie der Verstärker einer Stereoanlage. Wenn die Musik großer Mist ist, ändert der Verstärker nichts daran, im Gegenteil, er verstärkt sie sogar. Nicht der Verstärker macht die Musik, sondern das Signal. Erst, wenn genügend Beispiele für postwachstumskompatible Praktiken das entsprechende Signal aussenden, kann die Politik den Mut entwickeln, uns reduktive Maßnahmen zuzumuten.

Eppler: Herr Paech, ich finde es problematisch, wie scharf Sie Politik und Zivilgesellschaft voneinander trennen und dass Sie nur Letzterer die Fähigkeit zuschreiben vorauszudenken. Beide können und müssen auch an einem Strang ziehen, wenn sich gegen Widerstände etwas ändern soll, ob innerhalb oder außerhalb der Parteien. Auch hier zeigt sich meines Erachtens wieder, wie wenig Sie im Kontext von Macht und Interessen argumentieren.

Als ich anfing, die Atomenergie zu kritisieren, hat der Bundeskanzler noch hörbar erklärt: Da projiziert ein deutscher Studienrat seine Lebensängste auf die Kernkraft. Das sind alles Sätze, die ich bis heute tief in mir habe! Zu meiner jungen Garde gehörte damals der mehrfach genannte Hermann Scheer, und auch der wurde lange als Spinner lächerlich gemacht wie ich. Jeden, aber auch jeden Spott hat er ertragen, Lügen, öffentliche Angriffe aus allen Parteien und Gegenwind der Energiekonzerne – und hat schließlich dem Umweltministerium das Erneuerbare-Energien-Gesetz trotzdem kraft seiner Kompetenz und der seiner Berater praktisch in die Feder diktieren können. Das war mehr oder weniger die Leistung eines einzigen Politikers! Ich kann Ihnen sagen: Nicht ohne Narben haben wir am Ende eine Menge durchgesetzt. Die Taktikerin Merkel, die da keinerlei Überzeugungen hatte, hätte den Ausstieg nach Fukushima ohne unsere Kämpfe nie vollziehen können.

So – und das ist alles in der Politik geschehen! Mit langem Atem. Ohne die Politik wäre es eben nicht geschehen.

Paech: Gewiss, Herr Eppler, diese Leistungen will ich nicht schmälern. Und doch sehe ich in dieser Geschichte noch ein paar Sprünge.

Erstens: Das Vorhaben, welches ich vorschlage, bricht schon deshalb mit allen Beispielen, weil es auf Reduktion beruht. Und das ist mit der Systemlogik demokratischer Konsumgesellschaften heute nicht mehr verträglich. Die politische Durchsetzbarkeit des EEG ist kein Zufall. Sie lässt viele daran verdienen und kann als Erfolg verkauft werden. Bequemer geht's nicht, und dafür wird man am Ende von der Mehrheit geliebt. Aber sagen Sie den Leute mal, dass Urlaubsflüge verteuert werden sollen.

Zweitens: Auch der von Ihnen favorisierten Energiewende ist eine breite gesellschaftliche Bewegung vorangegangen. Unter dem Radar der Öffentlichkeit und der repräsentativen Politikpioniere gab es schon Querdenker wie den Windenergietüftler Aloys Wobben und viele, viele andere.

Ich halte die Vorstellung, man könne eine Postwachstumsgesellschaft ohne die Politik durchsetzen, für naiv.

Eppler: Das stimmt – aber als Politiker waren wir doch selbst Teil dieser Gegenströmung! Wir haben darin mitgewirkt und sie in der Öffentlichkeit unterstützt, ja uns für sie prügeln lassen. Diese breite Bewegung, ja die ganze Gesellschaft hat damals mit einer gewissen Spannung unsere Parteitage verfolgt, und die Union hat mit Plakaten gegen uns polemisiert, auf denen stand: »Mit Schmidt und Eppler für und gegen die Atomenergie«. Natürlich braucht es die Zivilgesellschaft, aber ich halte Ihre Vorstellung für naiv, man könne etwas derart Grundsätzliches wie Ihre Postwachstumsökonomie ohne die beschriebenen Kämpfe und ohne oder gar gegen die Politik durchsetzen. Für mich sind Sie einfach zu wenig strategisch, es fehlt die Ausdauer.

Ich habe ja seinerzeit vor 40 Jahren meinen Landesverband noch ziemlich einsam auf die Fährte des Atomausstiegsbeschlusses gebracht – und auch schon damals die historische Dimension gesehen, die so ein Strukturwandel bedeutet. Deshalb habe ich meinen Parteikollegen seinerzeit nach dem Ausstiegsbeschluss gleich gesagt: Nun glaubt aber mal bloß nicht, dass mit diesem Beschluss nun auch seine Umsetzung so mir nichts, dir nichts von selber passieren wird. Dieses Projekt werden wir erst in vielen, vielen Jahren gegen erhebliche Widerstände durchsetzen müssen. Und das steht Ihnen auch bevor.

Sie scheinen das zu unterschätzen: Politik ist und bleibt ein Wettbewerb um die Macht. Deshalb gibt es Parteien, die *partes* sind, Teile. Sie streben in die Regierung, mit oder ohne Erfolg. Wenn sie ein neues Thema aufgreifen, dann müssen sie überlegen: Was kann der politische Gegner daraus machen? Jetzt stelle ich mir vor, ich trage das, was Sie für richtig halten, in einem Kleinstadtvortrag als politisches Programm vor. Reparieren, weniger produzieren, gemeinschaftlich gärtnern: Wie leicht wird man damit lächerlich gemacht!

Ja, ich kann mir eine Gesellschaft, wie Sie sie beschrieben haben, auch vorstellen und ebenso, dass wir in Europa irgendwann einmal an einen Punkt kommen, wo man darüber vernünftig reden kann. Ich mache Sie ja auch nicht lächerlich; mir ist durchaus klar, dass ein Stück Wahrheit hinter Ihren Zielen steckt. Aber der Sprung von der jetzigen Gesellschaft – erinnern Sie sich an unsere Erfahrungen in der Bahn! – in eine auf so neue Weise soziale und gemeinschaftliche Gesellschaft, in der man Genossenschaften bildet, Ressourcen teilt und sich gegenseitig hilft – der ist einfach zu groß. Der Zeitpunkt für solche Debatten ist noch lange nicht gekommen.

Grefe: Aber muss man nicht jetzt damit beginnen, gerade weil auch dieser Wandel sehr viel Zeit erfordert?

Eppler: In der Politik geht alles hintereinander, nicht miteinander. Wenn Sie heute öffentlich fordern, dass die Wirtschaft weniger produzieren soll, dann kriegen Sie sofort zu hören: Das geht die Politik gar nichts an. Ökodiktatur. Sowjetische Verhältnisse. Ich bin polemikerfahren, ich weiß genau, wie das läuft. Da müssen Sie sehr widerstandsfähig sein.

Dieser Konflikt zwischen Zurückhaltung und drohendem Kreuzfeuer scheint mir einer der Gründe dafür zu sein, dass die wissenschaftlichen Ökologen die direkte Begegnung mit der Politik gar nicht mehr haben – und vielleicht auch gar nicht mehr haben wollen. Wahrscheinlich scheuen auch Sie, Herr Paech, den ungeheuren Widerstand, auf den Ihre Vorstellungen treffen – statt dass Sie diesen Widerstand suchen.

> *Der Rückbau unserer Ökonomie ist für mich nicht rückständig, sondern ein spannender, neuer Weg.*

Paech: Ich scheue den Kontakt mit der Politik nicht. Aber ich kann ihr nur helfen, wenn ich in der Zivilgesellschaft den Nährboden bereite, auf dem sie es wagen kann, mehr zu tun, als nur additive Wasch-mir-den-Pelz-aber-mach-mich-nicht-nass-Maßnahmen in Angriff zu nehmen.

Eppler: Aber wenn ich mir allein diesen Begriff von Ihnen anschaue: »Rückbau«. Der wird dann in der öffentlichen Debatte rasend schnell zu einem Rückschritt. Ich weiß nicht, ob Sie überhaupt darüber nachgedacht haben, was Sie mit so einem Begriff alles auslösen. Da kommt sofort der alte Reflex: Die Geschichte kann man nicht zurückdrehen.

Paech: Der Rückbau ist für mich nicht rückständig, sondern ein spannender, neuer Weg. Seine Logik ist keineswegs auf die Technik oder die Infrastruktur begrenzt. Ich finde die Forderung zukunftsweisend, dass wir in Deutschland nicht nur die erste Gesellschaft werden, die die Atomenergie überwindet, sondern auch die erste, die eine Autobahn zurückbaut, einen Flughafen abwickelt oder Flächen entsiegelt, statt weiter zu expandieren oder gar Projekte wie Stuttgart 21 hochzuziehen.

Eppler: Also, dass es Vernünftigeres gegeben hätte als dieses Stuttgart 21-Projekt, da sind wir uns wirklich einig. Aber Sie werden jetzt nicht die Lastwagen holen und alles wieder zuschütten, oder?

Paech: Nicht, wenn der Energieaufwand höher wäre als der klimapolitische Gewinn. Wirklichen Rückbau sollte es vor allem beim Verkehr geben. Darüber reden wir viel zu wenig; dabei ist das die entscheidende Stellschraube, wenn wir die Welt noch retten wollen. Auf einer stillgelegten Autobahn würde ich Windkraft- und Photovoltaikanlagen lieber bauen als im Wald. Aber oft ist Rückbau auch die Konversion zu etwas, das den neuen Lebensstilen dienen kann.

Ich habe mal bei einer Studie des Wuppertal Instituts für ein »Zukunftsfähiges Hamburg« mitgewirkt. Da galt natürlich der Hafen als der große Wachstumsmotor! Aber mir kamen schnell Szenarien für einen Hafenrückbau in den Sinn. Dessen riesige Mauern und Hallen können wir natürlich nicht einfach aus der Landschaft kratzen. Aber wir können sie gänzlich neu nutzen. Ich stelle mir sogar vor, dass in einer Übergangsphase, in der zwangsläufig ein Minuswachstum entstünde, der Rückbau der Infrastruktur ein Beschäftigungsprogramm hergäbe, beispielsweise für Künstler und Handwerker.

Grefe: Herr Eppler, wären neue Strukturen der Selbstversorgung nicht gerade für die vielen Modernisierungsverlierer wichtig? Selbst in der reichen Bundesrepublik werden sie immer mehr abgehängt, erst recht in Süd- und Osteuropa; Herr Paech hat das ja schon erwähnt. Die Sozialdemokratie hat als Partei der kleinen Leute eine lange Geschichte des produktiven Teilens in Wohngenossenschaften, Bildungs- oder Sparvereinen. Warum knüpft Ihre Partei nicht an solchen Erfahrungen an? Die passen doch perfekt zu den aktuellen Experimenten der Postwachstumskultur?

Eppler: In der Sozialdemokratie, die mir immer vorschwebte, wäre das möglich. In der augenblicklichen kaum.

Grefe: Aber die SPD braucht doch dringend eine Frischzellenkur, wenn man auf die derzeitigen Wahlergebnisse schaut.

Eppler: Jaja, der muss schon einiges neu einfallen.

Grefe: Noch einmal anders gefragt: Warum funktioniert das nicht mehr in der SPD: diese Witterung für gesellschaftliche Entwicklungen, auch solche, wie sie Niko Paech vorschweben? Entwicklungen, die vielleicht noch nicht »reif« sind, aber die man mit voranbringt? Würde das nicht bei diesem Thema dem vorausschauenden »Mach mal« entsprechen, das Sie von Willy Brandt beschrieben haben?

Eppler: Wenn Sie mich das in einer Phase fragen, in der ich schlechter Stimmung bin, dann antworte ich, und das gewiss nicht allein für meine Partei: Der Grund dafür ist der Karrierismus als Methode. In den Bundestagsfraktionen gilt die Karriere jedenfalls heute als stärkster Antrieb. Da gibt es einfach zu wenig Widerstand. Zu wenig Mut, Dinge anders zu sehen. Zu wenig langen Atem.

Grefe: Und wenn Sie gut drauf sind?

Eppler: Dann denke ich, dass es heute vielleicht auch schwieriger geworden ist, innerhalb einer Gruppierung eine erkennbar eigene Position zu haben. Das liegt daran, dass auch die Medien konformistischer geworden sind. Ich möchte aber noch einmal betonen, was mich meine Erfahrung gelehrt hat: Die Gesellschaft kann in einer bestimmten Zeit nur beschränkt lernen – und sie hat ja jetzt schon die Energiewende zu bewältigen. Zu viel Wandel auf einmal kann man den Menschen und ihren Organisationen und Verbänden nicht zumuten. Sonst werden sie scheu, und das lässt dann den Demagogen freie Bahn. Möglicherweise hatte der Rücktritt Willy Brandts auch ein wenig damit zu tun, dass er die Kurve nicht bekommen hat von der Reformeuphorie der Siebziger-

Zu viel Wandel auf einmal kann man den Menschen nicht zumuten. Sonst werden sie scheu, und das lässt Demagogen freie Bahn.

jahre zu einer Politik, die nach der Ölkrise nicht mehr viele Möglichkeiten hatte.

Grefe: Sie haben ja zuvor kritisiert, dass die Zivilgesellschaft sich zu wenig mit den Parteien auseinandersetzt. Umgekehrt waren aber auch Parteipolitiker mal näher dran an den gesellschaftlichen Strömungen, die den Wandel forderten und Neues ausprobierten. Sie selbst haben nicht nur in Wyhl geredet, Sie waren auch an den Sitzblockaden gegen die Stationierung von Atomraketen in Mutlangen beteiligt. Als beispielsweise attac lange vor dem großen Crash das Finanzsystem kritisierte, da rümpften auch die meisten Sozialdemokraten und Grünen erst mal nur die Nase. Ist die Verbindung zwischen Parteien und Bewegungen abgerissen?

Eppler: Das mag sein, und auch das mag mit dem wachsenden Karrierismus in der Politik zu tun haben. Aber wissen Sie: Politiker scheitern viel leichter, als dass sie Erfolg haben. Einen guten Politiker zeichnet aus, dass er den Augenblick begreift, in dem etwas möglich wird – aber auch den, in dem etwas nicht möglich ist. Ich habe zum Beispiel zu Beginn der Ökologiedebatte schon mal sehr vorsichtig das Auto zum Thema gemacht habe. Da kamen auch sofort die Bedenkenträger und sagten: Du wirst doch wohl nicht ausgerechnet in Baden-Württemberg eine solche Diskussion wagen. Ich habe dann genauso einen Rückzieher gemacht wie heute Winfried

Kretschmann als grüner Ministerpräsident. Man tut das, weil man sonst andere Chancen zunichtemachen würde. Die Tatsache, Herr Paech, dass sich bislang noch kein Politiker und auch kein Sozialdemokrat Ihre Thesen zu eigen macht und öffentlich dafür streitet, ist also noch kein Beweis dafür, dass das alles bloß Feiglinge sind. Was hilft es Ihnen denn, wenn einer aufsteht – und gleich wieder niedergemacht wird? Da sind ja auch die Medien gern und schnell dabei.

Das politische Geschäft ist wirklich schwierig. Aus der Zivilgesellschaft wird schnell der Vorwurf erhoben: Die haben nur Macht im Sinn. Das ist insofern richtig, als ohne Macht nichts durchzusetzen ist! Politik hat ihre eigene Würde.

Paech: Jetzt müssen wir aber wirklich dringend ein Missverständnis aufklären! Ich bin bei aller Skepsis keineswegs politikverdrossen, und Politikerschelte lehne ich ab. Meine These, dass die Politik im Moment für die Wende zur Nachhaltigkeit nicht der beste Akteur, ja handlungsunfähig ist, gründet nicht darauf, dass ich ihr Schlechtes unterstelle, sondern darauf, dass es der Politik noch an hinreichenden Belegen und Praxisbeispielen für die Machbarkeit einer Postwachstumsökonomie mangelt, auf die sie sich beziehen kann. Reduktive Lebensstile würden die meisten Bürger heute auch überfordern, weil sie darin ungeübt sind. Das Leben in einer Postwachstumsökonomie ist keine Frage der Einsicht oder der bekundeten Intention. Es muss gekonnt sein – im physischen und sozialen Sinne. Wie viel Konfliktfähigkeit ist nötig, um den Kindern und dem Partner oder der Partnerin beizubringen, dass es im nächsten Jahr keinen Urlaubsflug gibt! Menschen müssen das üben. Kein Politiker kann es wagen, einen Nichtschwimmer ins Wasser zu stoßen. Deshalb müssen wir erst einmal das Schwimmen lernen. Und das kann uns die Politik nicht abnehmen. Wie Sie sehen, Herr Eppler, nehme ich die Politik sogar in Schutz.

Grefe: Sie waren ja auch mal bei den Grünen ... warum sind Sie es nicht mehr?

Paech: Wenn man die ersten Ideen der Grünen mit dem vergleicht, was heute vertreten wird, dann zeigt sich da eine wahre Rosskur der Anpassung an den Mainstream, einschließlich der Konsumkultur und der Fixierung auf das Wachstum. Das ging mir zu weit.

Eppler: Da sind Sie jetzt aber zu streng. Jede Form von Wachstum akzeptieren die meisten Grünen bis heute keineswegs.

Paech: Meine Prognose ist, dass die Grünen mit dieser Frage schon bald wieder konfrontiert sein werden. Ich werde oft von lokalen Gruppen eingeladen, um Vorträge zu halten. Da finden sich heute wieder häufiger Leute in den grünen

Kreis- und Landesverbänden, die Leopold Kohr und Ernst Friedrich Schumacher rauf und runter zitieren. Aber wie gesagt: Ich bin sowieso kein Gegner der Politik. Ich habe zum Beispiel damals nach Rio die lokale Agenda, für die ich in Oldenburg verantwortlich war, auch als eine Möglichkeit aufgefasst, politische Entscheidungsebenen zu stimulieren. Die Städte sollten ja mit eigenen Entwicklungsprogrammen globale Verantwortung übernehmen. Das war für mich eine interessante Konstellation. Ich fand es äußerst sinnvoll, demokratisch legitimiert nicht erst auf Entscheidungen aus Hannover oder Berlin zu warten. Auf die Kommunalpolitik können Bürger direkt Einfluss nehmen, schon weil einem die verantwortlichen Personen im Wirtshaus oder auf dem Markt begegnen. Nicht nur die lokalen Agenda 21-Prozesse, sondern auch andere basisverbundene Bewegungen haben immer versucht, eine Brücke zu den Parteien zu bauen. Es gibt mit der Heinrich-Böll-Stiftung oder dem Institut für Solidarische Moderne ebenfalls Orte, die Schnittstellen zwischen zivilgesellschaftlichem Engagement und der Programmatik von Parteien schaffen wollen.

Ansonsten erlebe ich sehr wohl, dass das Ansehen der Politiker gelitten hat.

Grefe: Und woran liegt das Ihrer Meinung nach?

Paech: Das hat aus meiner Sicht zwei tiefere Gründe. Der erste: Wir haben riesige und extrem komplexe Ökonomien erschaffen. Selbst Experten für Makroökonomik behaupten heute nicht mehr, dass sie die gesamte Finanzökonomie noch durchschauen. Und dann erwarten wir von den Politikern, dass sie das Richtige tun, um die nächste Krise zu verhindern? Angesichts einer solch unbeherrschbaren Situation habe ich mit den Politikern manchmal schon Mitleid.

Aufklärung enthält auch die Verpflichtung, Verantwortung für das eigene Handeln zu übernehmen – eine Verpflichtung, der die Gesellschaft zu wenig nachkommt.

Der zweite Grund ist, dass die Balance zwischen Freiheit und individueller Verantwortung nicht mehr stimmt. Es ist eine Errungenschaft der Moderne, dass sich der Mensch von Unwissenheit, Schicksalsabhängigkeit und Zwängen befreit hat. Aber dieser Prozess der Emanzipation und permanenten Ausweitung aller Entfaltungsmöglichkeiten des eigenen Egos ist eben nicht die einzige Errungenschaft. Aufklärung enthält auch die Verpflichtung, neue Freiheiten zu nutzen, um Verantwortung für das eigene Handeln zu übernehmen – eine Verpflichtung, der die Gesellschaft zu wenig nachkommt. Optionen und Angebote der Selbstverwirklichung zu steigern ist zum rücksichtslosen Dogma geworden. Entsprechend empfindlich reagieren die Wähler, wenn Politiker etwas erwägen, was sich wie eine auch nur minimale Einschränkung anfühlt. Politik steht dann immer im Verdacht, Feind der sozialen Emanzipation zu sein.

Eppler: Selbstverwirklichung ist in der Tat ein sehr fragwürdiger Begriff. Einer, dessen Auswirkungen die neoliberale Ideologie noch einmal verstärkt hat.

Paech: Aus diesen Gründen haben die Menschen keinen Respekt mehr vor der Politik. Ich habe noch erlebt, dass ein demokratisch legitimierter Bundeskanzler ein Machtwort sprach. Heute reagieren viele schon fast reflexhaft, nach dem Motto: Was fällt denen da oben ein, unser Leben zu beeinflussen. Kein Mensch will sich mehr etwas vorschreiben lassen.

Eppler: Aber die Bürger lassen sich sehr wohl noch begeistern und bewegen. Auch deshalb versuche ich immer, meiner Partei klarzumachen: Sie braucht ein werthaltiges Gesellschaftsbild, aus dem sich die einzelnen politischen Maßnahmen ableiten. Zu oft wird versucht, allein mit unzusammenhängenden Forderungen zu einzelnen Steuern oder sozialen Projekten in den Wahlkampf zu gehen. Das reicht nicht, so kann man nicht gewinnen. Das hat zuletzt Peer Steinbrück mit dem Projekt einer Vermögenssteuer exemplarisch bewiesen, die zu vielen anderen Positionen gar nicht passte. So ein Gesellschaftsbild zu beschreiben, das verdeutlicht, wofür die SPD steht und wo es hingehen soll: Das hat meine Partei bei der letzten Bundestagswahl versäumt, und ich weiß nicht, ob es ihr beim nächsten Mal gelingt. Ein solches Gesellschaftsbild sollte heute wahrscheinlich tatsächlich einen Übergang zu dem schaffen, was

Ihnen vorschwebt, Herr Paech. In der jetzigen Gesellschaft, die geldhungrig und rücksichtslos ist wie nie zuvor, wäre so etwas überfällig. Wir sind ja längst keine Leistungsgesellschaft mehr, sondern eine Konkurrenz- und Erfolgsgesellschaft, bei der relativ egal ist, wie der Erfolg erreicht worden ist. Dem sollten wir Sozialdemokraten etwas entgegensetzen!

Grefe: Allerdings gelten Einzelforderungen in der Öffentlichkeit eher als geschickt, während bei politischen Gesamtkonzepten schnell der Ideologievorwurf bei der Hand ist.

Eppler: Willy Brandt hat das damals aufgebrochen. Ich habe ja schon zu Beginn des Gesprächs seine glänzende Formulierung zitiert: »Wir wollen ein Volk der guten Nachbarn sein.« Dahinter stand so ein Gesellschaftsbild. Eines, das attraktiv ist, aber nicht sentimental und dabei gut vermittelbar. Was es bedeutet, mag hier in meinem Garten anders aussehen als in einer Hochhaussiedlung. Aber man kann sich gut darauf verständigen.

Grefe: Profiliert man sich nicht geschickter – so macht es ja Angela Merkel – als Pragmatiker, der weiß, wie man Probleme löst?

Eppler: »Probleme lösen«, das ist nicht meine Terminologie.

Grefe: Warum nicht?

Eppler: Weil dieser Begriff eine Mathematisierung des politischen Diskurses unterstellt. Hier das Problem – dort die Lösung: Das halten die Pragmatiker tatsächlich für Politik. Dabei geht es immer um Prozesse – übrigens auch bei der Energiewende –, und schon die Frage, was ein Problem ist, hängt von meinen Bewertungen und Zielen ab. Tatsächlich gibt es ganz selten ein isolierbares Problem, für das man dann eine »richtige« Lösung hat. In der Wirklichkeit gibt es immer mehrere Lösungen. Meist geht es eher um ein Gegensteuern, und dieses hängt ebenfalls von den Grundüberzeugungen ab. Wenn mir gar nichts vorschwebt außer einer Reparatur dessen, was ist – dann habe ich es relativ leicht. Solche reinen Problemlösungen sind meist sehr konservativ, weil sie nur wiederherstellen wollen, was kaputt ist – ohne zu fragen, wo ich eigentlich hin will.

Grefe: Trotzdem: Ist nicht gerade in schnelllebigen Zeiten, in denen man zudem ruckzuck als Ideologe kritisiert wird, Pragmatismus die produktivere, womöglich einzig realistische Haltung?

Eppler: Das ist ein Grundphänomen der heutigen Politik, das man nicht mehr ausblenden kann. Wenn heute jemand sagt: »Ich bin Pragmatiker«, dann meint er nicht mehr das Gleiche wie zum Beispiel Willy Brandt, der den Begriff durchaus auch verwendet hat. Ihm ging es damals darum, dass jeder politische Schritt genau vorausgedacht sein muss; dass beispielsweise immer die Machtverhältnisse einkalkuliert werden müssen: Kriege ich mein Ziel durch? Wen brauche ich dafür? Es gibt keine Politik, die den Namen verdient, die nicht in Methode und Vollzug pragmatisch wäre. Aber entscheidend war für Brandt immer die Zielsetzung. Wenn Pragmatismus alles ist, was ich zu sagen habe, dann werde ich aus Versehen konservativ. Dann halte ich nicht aus grundsätzlichen Überlegungen am Alten fest, sondern quasi aus Versehen. Deshalb sind die konservativen Sozialdemokraten oft schwerer erträglich als die Konservativen in der Union. Letztere wissen, dass sie konservativ sind, und wollen es auch sein – während Erstere Pragmatis-mus bekunden, Probleme lösen wollen – und dabei nur wiederherstellen, was war.

Wenn Pragmatismus alles ist, was ich zu sagen habe, dann werde ich aus Versehen konservativ.

Ich kann mir, wie gesagt, weiterhin eine andere Gesellschaft vorstellen, sogar noch unter kapitalistischen Vorzeichen. Schon deshalb, weil es so etwas in den 70er-Jahren schon einmal gegeben hat. Weil ich so eine andere Gesellschaft im Kopf habe, halte ich mich auch weiterhin für progressiv. Wohl wissend, dass wirklicher Fortschritt selten ist.

Grefe: Und Sie, Herr Paech? Versuchen Sie und Ihre Mitstreiter noch, sich um bestimmte Wertvorstellungen herum zu gruppieren? Diskutieren Sie über eine konsistente Weltanschauung?

Paech: Durchaus, aber ich sehe im Parteiensystem derzeit keine politischen Vorbilder, die den Mut hätten, visionär zu denken und das Entwicklungsmuster des modernen Zeitalters ernsthaft und offen infrage zu stellen. Stattdessen wird in politischen Handlungsfeldern dröhnende Fortschrittsgläubigkeit ritualisiert. Ich selbst bekenne mich im Hinblick auf Nachhaltigkeit dazu, ein Wertkonservativer zu sein.

Eppler: Diese Unterscheidung zwischen strukturkonservativ und wertkonservativ habe ich 1975 in »Ende oder Wende« erstmals formuliert.

Grefe: Strukturkonservativ hieß demnach, kurz gefasst: aus einem Eigeninteresse heraus bestehende politische und ökonomische Strukturen zu konservieren. Wertkonservativ hingegen: zu bewahren, was erhaltenswert ist und für alle erhalten werden muss, zum Beispiel Raum für die Familie oder die Natur.

Eppler: In diesem Sinne waren auch Teile der 68er wertkonservativ – und die Grünen die einzige Partei, die begriffen hat, was damit gemeint war. In der Union hingegen bezeichnen sich viele als wertkonservativ, ohne zu wissen, was sie sagen.

Grefe: Und was verstehen Sie darunter, Herr Paech?

Paech: In meinen Augen ist die Gestaltung einer Gesellschaft heute mehr eine Kunst des Unterlassens als eine des zusätzlichen Bewirkens. Wir machen es uns zu bequem, wenn wir meinen, zu jeder technischen Ausstattung könne es eine passende demokratische Entscheidung geben, die pathologische Auswüchse verhindert. Mir reicht es nicht mehr, nur über das *Wie* des Fortschritts zu debattieren, ich will auch über das *Ob* reden. Ich vertrete eine Philosophie des Nullsummenspiels. Nichts an sogenannten Fortschritten, ganz gleich, ob sozial oder technisch, entsteht aus dem Nichts. Alles hat seinen Preis. Deshalb sollte sich niemand mehr nehmen, als ihm zusteht. Selbstbegrenzung und die Würdigung der Dinge, die mit kleinem Aufwand anstelle durch Plünderung möglich sind, werden damit zu einem Lebensprinzip.

In meinen Augen ist die Gestaltung einer Gesellschaft heute mehr eine Kunst des Unterlassens als eine des zusätzlichen Bewirkens.

Konservativ bin ich auch insofern, als ich, wie gesagt, nicht mehr glaube, dass die Menschen ihren eigenen vermeintlichen Fortschritten gewachsen sind. Wir haben geografische, technische und ökonomische Monster erschaffen und schauspielern uns gegenseitig vor, dass wir deren Wirkungsprinzipien noch verstehen. Wir sollten bescheidener werden und nicht ständig Goethes Zauberlehrling mimen. Bei der Atomenergie haben wir irgendwann eingesehen: Diese Technik ist nicht beherrschbar, wir müssen sie grundsätzlich infrage stellen. Sie, Herr Eppler, waren hier ganz vorn dabei. Meiner Meinung nach müssen wir heute mit dem Finanzsektor oder der exzessiven Mobilität ganz ähnlich umgehen, ebenso mit der digitalen Kommunikation und Produktion. Staatliche Kontrolle, Einblicke in intimste Privatheit, selbst die heutigen Formen des Terrorismus wären ohne digitale Vernetzung nicht denkbar. Die Politik versucht jetzt, mit dem Kehrblech immer hinterherzueilen, als könne man die Schäden einhegen, ohne grundsätzlich die Frage nach der Legitimation dieser Technologie zu stellen.

Günter Anders hat in seinem Buch »Die Antiquiertheit des Menschen« die Metapher geprägt, dass wir seit der Moderne in der Lage sind, den Stein weiter zu werfen, als wir schauen können. Er wollte damit das Problem des technischen Fortschritts auf die Ebene der Verantwortungsethik übertragen. Den Steinewerfern müsste man eigentlich sagen: Ihr dürft nur über so kurze Distanzen werfen, dass ihr noch abschätzen könnt, wen ihr trefft.

Eppler: Auch ich als wertkonservativer Linker glaube nicht so an den Fortschritt, wie man das im 19. Jahrhundert getan hat, als meine Partei gegründet wurde. Wobei damals alles zusammenkam: die Industrialisierung, die natürlich für viele Leute ein Fortschritt war; Erfindungen wie das Auto, die die Herzen höher schlagen ließen; und alles hatte zugleich einen Überbau politischer und kultureller Vorstellungen von geistigem Fortschritt. Diesen Enthusiasmus haben die Liberalen des 19. Jahrhunderts und auch die Sozialdemokraten geteilt, und davon sind sie im Grunde bis heute geprägt. In diesem Sinne bin ich kein Progressiver und war es nie. Aber ich will Fortschritt bewirken in dem Sinne, dass manches besser wird, als es jetzt ist. Ich meine zu wissen, dass eine humane Gesellschaft nicht auf Wettbewerb, sondern nur auf Solidarität zu gründen ist.

Grefe: Wie erreicht man denn, dass sich technische Neuerungen solchen Werten unterordnen? Wie sähe eine Technologiepolitik bei Digitalisierung, neuen Gentechnologien, Mobilität aus, die mehr wäre als eine »Einhegung der Schäden«, wie Herr Paech es formuliert hat?

Eppler: Ich war und bin sehr dafür, dass man bei jeder Technik erst mal nachdenkt – und dann entweder die Bremse zieht oder Dampf gibt. Zu meiner Zeit wurden ja die Kommissionen zur Technikfolgenabschätzung eingerichtet, in denen Wissenschaftler und Philosophen gemeinsam diskutierten. Von deren Einschätzungen hört man in der breiten Öffentlichkeit heute leider so gut wie nichts mehr.

Paech: Es stimmt: Technikkritik findet in unserer Gesellschaft kaum noch statt. Die Geschichte der Grünen Partei ist da sehr instruktiv. In den 80er-Jahren wurde sie beschimpft: Die wissen immer nur, was sie nicht wollen, aber nicht, was stattdessen erreicht werden soll. Weil den Grünen klar wurde, dass sie auf diese Weise keine Wahlerfolge erzielen und auch nur schwer Koalitionspartner werden können, haben sie sich immer mehr angepasst. Jetzt denken die meisten Grünen die Energiewende vor allem technologisch. Dabei fehlt dringend eine politische Kraft, die mal den Zeigefinger hebt und für Unterlassung plädiert. Wir leben in einer Kultur, deren Credo die Steigerung der Möglichkeiten ist. Jeder Stillstand, jedes Innehalten, jedes Festhalten ist verpönt, es muss immer noch ein Quäntchen Steigerung sein, Verbesserung, »Innovation«. Dann ist es ja fast folgerichtig, dass Politiker genau dafür sorgen.

Eppler: Aber ist das nicht im Menschen angelegt, dass er nie zufrieden ist und immer versucht, auch technisch weiterzukommen? Wir wollen einfach wissen, wie der Saturn von hinten aussieht und welches unbekannte weitere Wissen man aus dieser Information womöglich beziehen kann. Eine Menschheit, die sagt »Jetzt hammer's, und dabei bleibt's«, die kann ich mir nicht ernsthaft vorstellen – und auch nicht wünschen.

Paech: Natürlich ist Neugierde ein Wesenszug des Menschen. Aber für mich ist es eine mögliche und notwendige Kultur-

In der Forschung bräuchten wir eine neue Balance zwischen dem progressiven Drang und Prinzipien der Demut.

leistung, dass wir dieser Neugierde auch Grenzen setzen. Das heißt nicht, Forschung zu verbieten. Wir bräuchten jedoch eine neue Balance zwischen dem progressiven Drang und Prinzipien der Vorsicht sowie Demut. Den Mut dazu würde ich auch der Politik wünschen.

Eppler: Ja, das schon … Wobei die private Forschung immer verfolgen wird, was vom Standpunkt ihres ökonomischen Interesses her interessant ist. Beeinflussen könnte man nur die staatliche Forschung.

Paech: Aber der Staat übt viel Einfluss aus, denn sowohl die verschiedenen Ministerien als auch die EU geben eine Menge Geld aus – und das Geld verschimmelt ja nicht. Es fließt jeweils in eine bestimmte Richtung. Natürlich balgen sich dann alle Wissenschaftler um die Fleischtöpfe. Umfängliche Forschungsmittel zu erwerben ist schon lange Grundlage des Selektionsprozesses und damit des Erfolgs im Wissenschaftsbetrieb. Viele Drittmittel, viel Ehr! Weil alle so darauf angewiesen sind, sich als Forscher gut darzustellen, wechseln manche Forscher ihre Neigungen wie der Wind seine Richtung und gucken gar nicht, ob sie die Entwicklung, die sie unterstützen, überhaupt vertreten können oder wollen. Ich würde mir auf jeden Fall sehr wünschen, dass es mehr Forschungsgelder für den sozialökologischen – am liebsten wachstumskritischen – Wandel gibt als für den rein technischen, den die Industrie wahrscheinlich auch allein voranbringen würde. Besonderes Augenmerk würde ich auch auf das von Peter Finke in die Diskussion eingebrachte Konzept der Citizen Science legen. Gerade im wachstumskritischen Nachhaltigkeitsbereich sind die kreativen Potenziale der Laienwissenschaftler und Praktiker besonders wertvoll.

Grefe: Da bewegt sich ja derzeit auch schon einiges bei der Forschungsförderung ... Herr Eppler, Sie haben bei aller Skepsis, dass ein Wandel der Lebensstile politisch durchsetzbar ist, deutlich gemacht, dass auch Sie ihn für notwendig halten. Wie würden Sie ihn denn dann befördern?

Eppler: Durch das persönliche Beispiel. Ich lebe ja, wie gesagt, fast schon so, wie Herr Paech uns alle haben will: ohne Auto, ohne Flugreisen, als alter und manchmal überforderter Gärtner. Nur weiß ich: Wenn ich das allgemein predigen würde, wäre ich bald lächerlich. Ähnlich ist es bei einem Abgeordneten, der mit dem Fahrrad in den Bundestag fährt. So ein Symbol ist durchaus etwas wert.

Paech: Das genau stelle ich mir ja unter sozialer Diffusion vor. So verbreiten sich neue Lebensstile: durch das vorgelebte

Beispiel. Ich würde mir auch eine Politik wünschen, die stärker geprägt ist vom Anstand der Menschen, die diese Politik machen. Vertrauen, Glaubwürdigkeit: All dies hat der Karrierismus verludern lassen.

Grefe: Entspricht das der »Würde des Politischen«, von der Sie zuvor sprachen, Herr Eppler?

Eppler: Die Würde des Politischen zeigt sich darin, dass Politik keine Karriere sein kann. Wer das will, der kann in die Verwaltung gehen, in die Justiz oder in die Wirtschaft. Aber wenn er mit dieser Absicht in eine Partei geht, dann kann das nur schiefgehen. Ein Politiker muss jederzeit imstande sein zu sagen: So nicht. Nicht mit mir. Das hat ja schon Max Weber mit seinen Schriften über den Unterschied zwischen Politikern und Beamten deutlich gemacht.

Grefe: Bei diesem »Nicht mit mir« gibt es aber auch ein Spannungsverhältnis zu Ihrer Forderung nach dem langen Atem, oder? In Ihrer Biografie zitieren Sie einen Brief, den Ihnen Fritz Erler geschrieben hat, um Sie für die Sozialdemokratie zu gewinnen. Darin heißt es: »Wenn Sie auf Ihrem Grabstein die Inschrift haben wollen: ›Er hat immer recht gehabt‹, bleiben Sie, wo Sie sind. Wenn Sie Politik machen wollen, kommen Sie zu uns.«

Eppler: Erler hat recht gehabt. Ich habe sechzig Jahre lang sozialdemokratische Politik gemacht. Aber man muss die Möglichkeit, mit einem »Nein« die politische Karriere zu beenden, immer in sich tragen. Und es gibt noch eine andere Dimension bei der Würde des Politischen, sie ist die entscheidende.

Politik hat immer mit Leben und Tod zu tun.

Ich bin ja relativ rasch nach dem Krieg in die Politik geraten, und ich will Ihnen meinen Grund dafür erzählen: Damals musste ich von Lüneburg zu Fuß in meine Heimatstadt Schwäbisch Hall laufen, in Lumpen gehüllt, denn ich hatte meine Uniform auf einem Bauernhof umgetauscht. Auf diesem Weg hatte ich viel Zeit zum Nachdenken, und da ist mir klar geworden, dass Politik immer mit Leben und Tod zu tun hat – direkt oder indirekt. Eine schlimme Politik hatte damals einen ganzen Kontinent zerstört und unendlich viele Menschen das Leben gekostet. Das hieß aber für mich auch: Verantwortliche Politik kann dafür sorgen, dass das nicht wieder passiert.

Damals war das ganz offensichtlich. In der Wirtschafts- und Klimapolitik haben viele unserer Entscheidungen auch heute diese existenzielle Dimension. Meine Urenkel werden das, wenn sie erwachsen werden, deutlicher sehen. Sie haben ein Anrecht darauf, dass wir ihr Lebensrecht achten.

Anhang

Selektives Wachstum und neuer Fortschritt

Erhard Eppler

I.

Was wir heute »wirtschaftliches Wachstum« nennen, war ursprünglich nur eine statistische Zahl. Man hatte sich verständigt, wie die wirtschaftliche Gesamtleistung eines Staates, das Sozialprodukt, errechnet werden könne. Wenn diese Summe von einem Jahr zum anderen anstieg, nannte man dies »das Wachstum«. Natürlich muss sich eine solche Statistik an Größen halten, die exakt zu dokumentieren sind, also an das, was am Markt den Besitzer wechselt oder an Löhne und Gehälter, die der Besteuerung unterliegen. Die Leistung einer Hausfrau, die eine große Familie versorgt, geht nicht in die Statistik ein, schließlich lässt sie sich auch nicht genau beziffern.

Wachstum, so gesehen, ist eine interessante statistische Zahl. Man darf sich auch darüber freuen, vor allem als Finanzminister, der daraus schließt, was er an Steuern einnehmen kann.

Wir haben uns daran gewöhnt, dass sich Phasen stärkeren Wachstums mit Phasen schwächeren oder gar ausbleibenden

Wachstums abwechseln, und reden dann von Aufschwung oder Abschwung. Regierungen wissen, wenn sie ehrlich sind, dass sie beides nicht »machen« können, sondern allenfalls etwas verstärken oder mildern.

Schwierig wird es erst, wenn Wachstum zum politischen Ziel wird, oft zum wichtigsten oder gar, wie bei Angela Merkel, zum einzig erkennbaren. Dann kann dieses Ziel alles Mögliche und manches Unmögliche rechtfertigen, wie beim »Wachstumsbeschleunigungsgesetz« der schwarz-gelben Regierung aus dem Jahr 2009.

Wo Wachstum zum übergeordneten, allgemein anerkannten Ziel der Politik wird, entstehen Abhängigkeiten. Denn das Wachstum »machen« ja nicht die Politiker, sondern die Unternehmen. Sie bei Laune zu halten oder auch anzulocken, etwa durch niedrigere Steuern, wird notwendiger Bestandteil einer »Wachstumspolitik«. So kam es zum ruinösen Wettbewerb der Staaten, auch der europäischen, um die niedrigsten Unternehmenssteuern, der mehr zur Staatsverschuldung beigetragen hat, als die meisten Ökonomen zugeben wollen. Der Staat musste »sparen«, was praktisch hieß, dass er Aufgaben vernachlässigen oder privatisieren musste. Was dabei herauskommt, kann man heute in deutschen Städten studieren.

II.

Zu alledem passte die These, dass das Wirtschaftswachstum umso größer ist, je freier, entfesselter die Märkte sind und je schwächer der Staat, je geringer die »Staatsquote«. Genau dies verkündeten über drei Jahrzehnte die meisten Ökonomen. So hatten die Marktradikalen in der Politik leichtes Spiel.

Wo Wachstum zum allgemein anerkannten Ziel aller Politik wird, ist die Rutschbahn zum Marktradikalismus schon gebaut. Dort landen dann auch Politiker, die eigentlich etwas ganz anderes wollen oder doch wollen sollten. Wies ein sozialdemokratisch geführtes Land geringere Wachstumsraten auf als andere, so wurde die Regierung so lange des Nichtstuns oder gar einer unverantwortlichen Blockadepolitik bezichtigt, bis auch sie mit den »unausweichlichen Reformen« die Märkte entfesselte und die Staatsaufgaben, zumal die der Sozialpolitik, zusammenstrich, dafür die Steuern, zumal für die »Leistungsträger« – ein Wort, das zu diesem Zweck eigens erfunden wurde –, senkte.

Als in der Finanzkrise renommierte Banken einander kein Geld mehr leihen wollten, wenn nicht der Staat die Rückzahlung garantierte, klangen die marktradikalen Parolen albern, ja komisch. Als Verheißung hatten sie ausgedient. Aber die Staaten kamen aus der Krise nicht stärker, sondern schwächer heraus, höher verschuldet als jemals zuvor. Und die Finanzmärkte behandelten die Staaten nicht anders als private Schuldner. Je höher die Schulden, desto höher der Zins. Staaten konnten sogar pleitegehen.

Jedenfalls hat gerade die Krise des Marktradikalismus Sachzwänge geschaffen, für die nun wieder marktradikale

Rezepte angeboten werden können: Der Staat muss »sparen«, nicht nur in Griechenland oder Spanien. Er muss Aufgaben streichen, vielleicht auch die Mehrwertsteuer erhöhen. Nur eines darf er nicht, nicht einmal in Irland: die Steuern für Unternehmen erhöhen, auch wenn sie lächerlich niedrig sind. Denn die könnten das Wirtschaftswachstum mindern – so das Argument.

Solange Regierungen vor allem dazu da sind, das Wirtschaftswachstum zu beschleunigen, zu steigern oder wieder anzukurbeln, schafft sogar der scheiternde Marktradikalismus Zwänge, die sein Überleben sichern. Man kann es auch so ausdrücken: Wo Wachstum zum entscheidenden Ziel aller Politik erhoben wird, verzichtet diese auf ihren Primat. Wachstum als Ziel führt zum Primat der Ökonomie über eine Politik, deren Pflicht es ist, die wirtschaftlich Mächtigen bei Laune zu halten.

III.

Daher ist es weder zufällig noch unerheblich, dass im Jahr 2010 eine Diskussion wieder aufkam, die zwischen 1970 und 1975 in Wissenschaft und Politik schon ziemlich weit gediehen war, dann aber von der marktradikalen Welle – wie so vieles – weggeschwemmt wurde: die kritische Diskussion zum Thema Wirtschaftswachstum. Der Bundestag plante für 2011 eine Enquetekommission zum Thema »Wachstum, Wohlstand, Lebensqualität«. Dazu hat Meinhard Miegel sich in seinem viel diskutierten Buch »Exit« mit einigen überraschenden Thesen zu Wort gemeldet. Sie lassen sich so zusammenfassen:

1. Für die alten Industrieländer Europas geht die Periode raschen Wachstums zu Ende.
2. Auf den Konjunkturzyklus berechnet, fallen die Wachstumsraten weiter.
3. Was noch an Wachstum anfällt, wird gebraucht, um mit den schädlichen Wirkungen des Wachstums fertigzuwerden. Es verbessert nicht mehr die Lebensqualität.

Was Miegel formuliert, leuchtet ein und ist, wenn man die Statistik der letzten Jahrzehnte ernst nimmt, nicht überraschend. Politisch brisant ist seine dritte These, denn sie entzieht jeder undifferenzierten Wachstumspolitik die Grundlage. Eine Politik, die vor allem höhere Wachstumsraten anpeilt, ist nicht nur vergebens – und für den Staat teuer –, sondern letztlich für die Menschen auch nutzlos.

Hier treffen sich Miegels Einsichten mit der These des Bestsellers von Richard Wilkinson und Kate Pickett »The Spirit Level«, der schon im Untertitel präzisiert, was dann auf 274 Seiten mit unzähligen Statistiken bewiesen wird: »Why equality is better for everyone.« Nicht Wachstum, sondern weniger Ungleichheit steigert die Lebensqualität.

Miegels Analyse trifft sich mit den Bemühungen der Sozialdemokratie, den politisch kaum mehr verwendbaren Fortschrittsbegriff neu zu beleben, einen »neuen Fortschritt« zu beschreiben, zu fordern und politisch zu realisieren. Dabei knüpft die Partei an eine wichtige Stelle des Berliner Programms von 1989 an. Dort steht unter der Überschrift »Fortschritt, Wachstum und Struktur«: »Nicht jedes Wachstum ist Fortschritt. Wachsen muss, was natürliche Lebensgrundlagen sichert, Lebens- und Arbeitsqualität verbessert, Abhängigkeit mindert und Selbstbestimmung fördert, Leben und Gesundheit schützt, Frieden sichert, Lebens- und Zukunftschancen für alle erhöht, Kreativität und Eigeninitiative unterstützt. Schrumpfen oder verschwinden muss, was die natürlichen Lebensgrundlagen gefährdet, Lebensqualität mindert und Zukunftschancen verbaut.«

Manche, die sich an dieser Diskussion beteiligt haben, sahen in diesem Absatz die Forderung nach »qualitativem Wachstum«, und mancher hat sogar den Autor dieses Artikels zum Erfinder des Begriffs gemacht, obwohl er ihn selbst nie benutzte. Schon damals, vor 35 Jahren, ging es nicht um eine schwer definierbare Qualität, sondern um die Aufgabe der politischen Auswahl, um selektives Wachstum.

Anders gesagt: Es hat keinen Sinn, Wachstumsraten von 3 oder 4 Prozent zum politischen Ziel zu erheben. Aber genauso abwegig ist es, ein Nullwachstum anzustreben. *Es kommt nicht darauf an, wie viel wächst oder nicht wächst – sondern was wächst.*

IV.

Es gehört zu den Schwächen der Politik, dass sie in der Theorie meist viel weiter ist als in der Praxis. Was das Wachstum angeht, ist es umgekehrt. Die Praxis ist viel weiter als die Theorie. Zumindest in Deutschland gilt es als Konsens, dass der Verbrauch fossiler Energien schrumpfen muss, dass dafür rasch wachsen muss, was diesen Verbrauch schrumpfen lässt, also die erneuerbaren Energien. Die Zeiten, in denen die Wirtschaftsministerien des Bundes und aller Länder das Dogma verteidigten, dass der Stromverbrauch jährlich um 7 Prozent wachsen, sich also alle zehn Jahre verdoppeln müsse, weil dies dem Wirtschaftswachstum entspreche, sind längst vorbei. Nur die Wachstumstheorie dieser Zeit hat überlebt. Längst diskutieren wir, ob, um des Klimas willen, nicht auch der Fleischverbrauch schrumpfen müsste, ob wir, um der Gesundheit willen, nicht mehr Gemüse essen sollten. Politik beschäftigt sich mit der Frage, wie der Güterverkehr auf der Schiene rascher wachsen kann als der auf der Straße, und irgendwann werden wir auch die Augen davor nicht mehr verschließen können, dass sich der Ausstoß von Kohlendioxyd nicht halbieren lässt, wenn der Luftverkehr sich verdoppelt. Kurz: Wir sind längst dabei zu selektieren. *Wir praktizieren selektives Wachstum.*

Sicher, es wird immer eine breite Palette von Gütern und Dienstleistungen übrig bleiben, die wir getrost dem Markt überlassen können. Wie viel Käse, Schuhe, Fernsehgeräte oder Fahrräder produziert und verkauft werden, ist nicht Sache der

Politik, sondern des Marktes. Allerdings nimmt die Zahl der Radfahrer zu, wenn es mehr bequeme Radfahrwege gibt. Und das entscheidet sich meist in der Kommunalpolitik.

Der Begriff des »qualitativen Wachstums« ist eingängig, schön, aber politisch harmlos. Man kann sehr wohl vom »qualitativen« Wachstum schwärmen und doch einfach so weitermachen wie bisher. Jedes Wachstum hat schließlich seine Qualität. Selektives Wachstum fordert auf zum Diskurs: Was wollen wir wachsen sehen, was nicht? Was muss rascher wachsen, als die Marktkräfte es wachsen lassen, was langsamer? Was muss schrumpfen? Selektives Wachstum erfordert die politische Diskussion, schließlich politische Entscheidungen, seien es Gesetze oder administratives Handeln.

So, wie die Forderung nach möglichst viel Wachstum zum Primat der Ökonomie führt, so folgt aus der Frage, was denn wachsen soll und was besser nicht, der Primat der Politik.

Aus einer Politik maximalen Wachstums ergeben sich immer dieselben Forderungen: bei den Marktradikalen die nach Steuersenkung vor allem für Unternehmen und »Leistungsträger«, bei radikalen Keynesianern die nach kreditfinanzierten Konjunkturprogrammen.

Beides stößt inzwischen rasch an Grenzen, wenn die Finanzmärkte wachsende Staatsverschuldung mit steigenden Zinsen bestrafen und eine Mehrheit der Bürgerinnen und Bürger in ihren Kommunen zu spüren bekommen, was ein ausgehungerter Staat für sie bedeutet.

V.

Das Konzept des »Neuen Fortschritts« ist zwar nicht identisch mit dem des selektiven Wachstums, aber es schließt dies ein. Wer »Neuen Fortschritt« will, muss sagen, was wachsen soll und was nicht. Wo nur maximales Wachstum angestrebt wird, bleibt der »Neue Fortschritt« ein frommer Wunsch, eine Leerformel.

Was mit »Neuem Fortschritt« gemeint ist, könnte ziemlich genau das sein, was eine sozialdemokratische Partei im 21. Jahrhundert motivieren kann. Es ist eine zeitgemäße Antwort aufgrund einer alten Tradition. Die Frage wäre allerdings, ob die Wortwahl stimmt.

»Fortschritt« ist heute, anders als im 19. Jahrhundert, kein Wort mehr, das Menschenmassen mobilisiert. Bei manchen schürt es sogar diffuse Ängste. Wenn die demokratische Linke auf dieses Wort nicht verzichten will, wofür einiges spricht, dann reicht es wohl auch nicht, das Adjektiv »neu« davorzusetzen.

»Neu« ist nicht nur durch die Werbung abgegriffen, es ist auch sehr nahe am Begriff »Fortschritt«. Fortschritt ist immer neu, aber nicht alles Neue ist Fortschritt. Genau das will ja der Begriff »Neuer Fortschritt« sagen.

Alternative Vorschläge für die Benennung werden auch auf Kritik stoßen. »Menschlicher Fortschritt«, »humaner Fortschritt« oder, um die soziale Komponente deutlicher zu machen, »Fortschritt für alle«, das wären nur drei von vielen Formulierungen, die infrage kämen – immer vorausgesetzt, dass man am »Fortschritt« festhalten will.

Auch der Ausdruck »Selektives Wachstum« ist für Öffentlichkeitsarbeit kaum geeignet. Er ist sehr präzise und eignet sich nicht zu Sprechblasen, die zu nichts verpflichten. Dagegen verstehen es alle Schichten der Gesellschaft, wenn sie hören, es gehe nicht darum, wie viel wächst, sondern was wächst. Wache Bürgerinnen und Bürger beteiligen sich gerne an einer Diskussion darüber, was nach ihrer Einschätzung rasch wachsen sollte und was nicht. Eine Diskussion darüber, was wachsen und was schrumpfen muss, damit wir unsere natürlichen Lebensgrundlagen schonen und so leben können, wie wir leben wollen, könnte unsere Demokratie besser beleben als alles Jammern über Demokratieverdrossenheit. Damit wäre ein Paradigmenwechsel verbunden. In der marktradikalen Epoche haben wir uns nämlich angewöhnt zu fragen, wie wir leben müssen, um im internationalen Wettbewerb bestehen zu können. Politik aber lebt von der Frage, wie wir leben wollen.

Sowohl das selektive Wachstum als auch die Suche nach einer neuen Art von Fortschritt folgen aus der Frage, wie wir leben wollen und wie nicht. Damit hat die Geschichte der Sozialdemokratie begonnen.

Erstmals erschienen 2011 in
»Neue Gesellschaft / Frankfurter Hefte«
(Heft 3).

Grundlagen der Postwachstumsökonomie: Wie werden wir zukünftig leben?

Niko Paech

Aktuelle Bemühungen, die Gesellschaft nachhaltiger zu gestalten, zielen auf eine ökologische Modernisierung, stellen wirtschaftliches Wachstum also nicht infrage. Technischer Fortschritt, so die Hoffnung, könnte die ökologischen Probleme des heutigen Wirtschaftens ohne mühevolle Umstellungen und Anspruchsmäßigungen lösen. Diese Ideologie liefert ein nahezu perfektes Alibi dafür, den Wandel zum Weniger auf unbestimmte Zeit aufzuschieben oder gar als unnötig abzulehnen. Bedauerlicherweise sind es viele der Effizienz-, Energiewende- oder sonstigen »Green New Deal«-Innovationen, die den materiellen Raubbau intensivieren, indem sie bislang verschont gebliebene Naturgüter und Landschaften einer »grünen« Verwertung zuführen.

Wachstumsdämmerung

Die derzeit häufig gestellte Frage, ob eine Ökonomie jenseits weiteren Wachstums wünschenswert, politisch durchsetzbar oder vereinbar mit modernen Vorstellungen von individueller Selbstverwirklichung wäre, verweist auf eine Gespensterdebatte, so als wäre das Wachstumsregime prinzipiell noch fortsetzbar. Was bestenfalls noch wachsen kann, ist die Gewissheit darüber, dass weitere Steigerungen des Bruttoinlandsproduktes (BIP) aus mindestens vier Gründen keine Option mehr sind. Erstens scheitert Wachstum absehbar an Ressourcenengpässen (Heinberg 2007), zweitens verringert es nicht per se Verteilungsdisparitäten (Paech 2008), drittens sorgt es nach Erreichen eines bestimmten Wohlstandsniveaus für keine Glückszuwächse (Layard 2005), und viertens ist es nie ohne ökologische Schäden zu haben (Paech 2012). Auf den letzten Aspekt soll im Folgenden eingegangen werden, um anknüpfend die Konzeption der Postwachstumsökonomie zu skizzieren.

Sollte es jemals gelingen, Produktionssysteme zu etablieren, deren Output ohne Zuwachs an bisherigen oder neuen Umweltschäden permanent gesteigert werden kann, wäre damit die hinreichende Bedingung für ökologische Nachhaltigkeit längst nicht erfüllt. Denn so würde nur ein inzwischen mehrfach zu hohes Schadensniveau stabilisiert. Unabdingbar wäre hingegen eine absolute Entlastung der Ökosphäre. Die in Deutschland pro Kopf anfallende CO_2-Menge von durchschnittlich etwa 11 Tonnen müsste, um das Zwei-Grad-Klimaschutz-Ziel zu erreichen, auf deutlich unter drei Tonnen gesenkt werden. Aber selbst die abgeschwächte Bedingung für sogenanntes grünes Wachstum, nämlich in einer weiterhin wachsenden Ökonomie lediglich zusätzliche Schäden zu vermeiden, würde zwei simultan zu lösende Entkopplungsprobleme heraufbeschwören: Steigerungen des BIP weisen eine materielle Entstehungsseite (zusätzliche Produktion) und eine finanzielle Verwendungsseite (das durch die Produktionssteigerung zusätzliche Einkommen) auf. Beide Wirkungen müssten ökologisch neutralisiert werden.

Auch »grüne« Industrieproduktion ist nicht zum ökologischen Nulltarif zu haben

Grünes Wirtschaftswachstum setzt die Herstellung zusätzlicher Gütermengen voraus, deren Produktion, physischer Transfer, Nutzung und Entsorgung keine Flächen-, Materie- und Energieverbräuche verursachen dürfte. Alle bisher ersonnenen und erprobten Green-Growth-Lösungen verfehlen diese Eigenschaft allzu offenkundig; ganz gleich, ob es sich dabei um Passivhäuser, Elektromobile, Ökotextilien, Photovoltaikanlagen, Bionahrungsmittel, Offshoreanlagen, Blockheizkraftwerke, *smart grids*, solarthermische Heizungen, *Cradle-to-cradle*-T-Shirts, Carsharing, digitale Services etc. handelt. Nichts von alledem kommt ohne physischen Aufwand, neue Produktionskapazitäten, hochgradig materielle Infrastrukturen und Transporte aus.

Gegen dieses Problem wird oft vorgebracht, dass die vergleichsweise nachhaltigeren Produkt- oder Technikkreationen den bisherigen Output einfach ersetzen könnten, statt addiert zu werden. Aber die Substitution materieller Flussgrößen (z.B. Kohle- gegen Ökostrom) vermeidet bei ganzheitlicher Betrachtung nicht notwendigerweise zusätzliche Schäden, solange dies mit einem Wachstum an materiellen Bestandsgrößen und Flächenverbräuchen (z.B. eine flächendeckende Verbreitung von Anlagen zur Nutzung erneuerbarer Energien) erkauft wird. Es dürfte physikalisch unmöglich sein, die Materie ganzer Industrien, Infrastrukturen und Immobilienkomplexe ökologisch neutral – also ohne massive Entsorgungsprobleme und Energieverbräuche – einfach verschwinden zu lassen.

Hinzu kommt ein zweites Dilemma: Das BIP kann nicht dauerhaft wachsen, wenn jedem »grünen« Gewinn an Wertschöpfung ein Verlust infolge des Rückbaus alter Strukturen entgegensteht. Der Saldo ist sogar mit hoher Wahrscheinlichkeit negativ. Dies lässt sich exemplarisch an der deutschen »Energiewende« nachzeichnen. Die von der Green Growth-Gemeinde bestaunten Wertschöpfungsbeiträge der erneuerbaren Energien entpuppen sich bei genauerer Betrachtung als Strohfeuereffekt. Wenn nämlich der momentan boomende Kapazitätsaufbau (zum Beispiel durch den Bau neuer Windkraftanlagen) abgeschlossen ist, reduziert sich der Wertschöpfungsbeitrag auf den reinen Energiefluss; dieser aber ist mit vergleichsweise wenig das BIP steigernden Aktivitäten verbunden (kein Bau neuer Anlagen, nur noch Wartung und gelegentliches »Repowering«). Permanent gesteigert werden könnte die Wertschöpfung nur dann, wenn die Produktion neuer Anlagen ohne Begrenzung fortgesetzt würde. Aber dann drohen neben steigenden Stromverbräuchen, die noch mehr elektrifizierte Geräte speisen würden, weitere Umweltschäden: Die schon jetzt prägnanten Landschaftszerstörungen nähmen entsprechend zu, weil die materiellen Bestandsgrößen expandieren.

Die sogenannte Energiewende verweist auf eines der Kernprobleme grüner Wachstumsträume, nämlich eine Vielfalt kaum abschätzbarer materieller Verlagerungseffekte: Alle bekannten grünen Technologien lösen keine ökologischen Probleme, sondern transformieren diese nur in eine andere physische, räumliche, zeitliche oder systemische Dimension. Die Versuche, eine ökologische Entlastung mittels grüner Innovationen empirisch nachzuweisen, sind somit nur brauchbar, wenn alle Verlagerungseffekte berücksichtigt würden. Aber selbst wenn dies gelänge: Wie sollen die (theoretischen) CO_2-Einsparungen einer modernen, getriebelosen Windturbine mit den Landschaftszerstörungen und dem hochradioaktiven Thorium in China, das bei der Produktion von Neodym für die Permanentmagneten entsteht, saldiert werden? Worin besteht hier der Fortschritt?

»Grüner« Gewinn und schmutziger Konsum

Auch wenn Produktionszuwächse eingedenk aller Verlagerungseffekte ökologisch unbedenklich wären (was unter Einhaltung physikalischer Gesetze kaum möglich erscheint), müssten die damit erwirkten Einkommenszuwächse ebenfalls ökologisch unbedenklich verwendet werden. Aber wie könnte erreicht werden, dass jene Konsumenten, die das in den grünen Branchen zusätzlich erwirtschaftete Einkommen beziehen, völlig auf Güter verzichten, in deren Produktion fossile Energie und andere Rohstoffe einfließen? Würden diese Personen keine Eigenheime bauen, nicht mit dem Flugzeug reisen, kein Auto fahren und keine der üblichen Konsumaktivitäten in Anspruch nehmen – und zwar mit steigender Tendenz, wenn das verfügbare Einkommen wächst?

Ein zweiter negativer Effekt droht, wenn grüne Investitionen den Gesamtoutput erhöhen, weil die alten Produktionskapazitäten nicht im selben Umfang zurückgebaut werden können (das Stromangebot steigt durch Photovoltaik- und Windkraftanlagen). Dies würde tendenziell Preissenkungen verursachen und folglich abermals die Nachfrage erhöhen. Ein solcher finanzieller »Rebound-Effekt« kann auch dann eintreten, wenn Effizienzerhöhungen die Betriebskosten bestimmter Objekte (Häuser, Autos, Beleuchtung etc.) reduzieren und somit das verfügbare Einkommen erhöhen. Solche Effekte ließen sich nur vermeiden, wenn Einkommenszuwächse des grünen Wachstums abgeschöpft würden. Aber was könnte absurder sein, als Wachstum zu erzeugen, um die beabsichtigte Einkommenssteigerung im selben Moment auszulöschen?

Obendrein beschwört die Green-Growth-Strategie ein moralisches Problem herauf, insoweit deren Protagonisten auf zukünftig zu erwartende Innovationen verweisen, welche die zuvor genannten Probleme lösen sollen: Das Schicksal der Menschheit würde auf Gedeih und Verderb von einem technischen Fortschritt abhängen, der bis heute nicht eingetreten ist und dessen zukünftiges Eintreten unbeweisbar ist – ganz zu schweigen davon, dass er womöglich mehr zusätzliche Probleme erzeugt, als er zu lösen imstande ist. Ist ein solches Roulette, das nicht aus Not, sondern allein um der Mehrung eines schon jetzt überbordenden Wohlstandes willen erfolgt, verantwortbar?

By design or by desaster – eine Wirtschaft ohne Wachstum lässt sich nicht abwenden

Wenn eine Entkopplung des BIP von ökologischen Schäden systematisch fehlschlägt, verbleiben als Ausweg nur die schrittweise Reduktion industrieller Produktionssysteme und deren teilweiser Ersatz durch Versorgungssysteme, die ohne Wachstum und auf einem ökologisch verantwortbaren Niveau stabilisiert werden können. Davon einmal abgesehen: Reduktive Anpassungen des globalisierten Industriesystems dürften durch instabile Finanzmärkte und absehbare, historisch einmalige Ressourcenverknappungen ohnehin auf der Agenda stehen. Sich darauf im Sinne ökonomischer und sozialer Resilienz, also zwecks Erlangung von Krisenstabilität, vorzubereiten, bildet eine Intention der »Postwachstumsökonomie« (Paech 2012). Dazu zählen erstens eine Dämpfung von Konsum- und Mobilitätsansprüchen (Genügsamkeit, Entschleunigung, Sesshaftigkeit) und zweitens kleinräumige, graduell sogar deindustrialisierte Produktionssysteme (Subsistenz, Regionalökonomie, Restindustrien mit kürzeren Wertschöpfungsketten).

Die erstgenannte Strategie liefe auf eine Kultur der Suffizienz, also Entrümpelung, hinaus. So könnten übervolle Lebensstile von all jenen energiefressenden Komfortkrücken befreit werden, die ohnehin nur geld- und wachstumsabhängig machen. Eine reizüberflutete Konsumsphäre beschwört systematisch Überforderungen herauf, weil sie eine nicht vermehrbare menschliche Ressource aufzehrt, nämlich Aufmerksamkeit und folglich Zeit. Durch den Abwurf von Wohlstandsballast wäre es wieder möglich, sich stressfrei auf das Wesentliche zu konzentrieren, statt im Hamsterrad der käuflichen Selbstverwirklichung zusehends orientierungslos zu werden.

Die Subsistenzstrategie (Subsistenz = Selbstversorgung) gründet darauf, einen Kompromiss zwischen industrieller Fremdversorgung und Eigenarbeit zu finden. Wer lediglich 20 Stunden pro Woche dem Gelderwerb nachgeht, könnte als Prosument (= Produzent + Konsument) Subsistenzleistungen erbringen, die das monetäre Einkommen ergänzen. Geeignete Formen einer modernen Selbstversorgung erstrecken sich erstens auf Eigenproduktion (zum Beispiel in Gemeinschaftsgärten), zweitens auf eigenständige Reparatur sowie drittens auf die gemeinschaftliche Nutzung von Gebrauchsgütern. Insbesondere die beiden letztgenannten Bereiche ließen sich mit einer intelligenten, merklich verkleinerten Industrie verzahnen.

Langlebige, reparable und anpassungsfähige Produktdesigns würden Prosumenten dazu befähigen, mittels handwerklicher Kompetenz, eigenen Zeitinputs und sozialer Vernetzung einen halbierten Industrieoutput so zu »veredeln«, dass auf keine Konsumfunktion verzichtet werden müsste. Wer sich beispielsweise mit seinem Nachbarn eine Digitalkamera und einen Rasenmäher teilt, trägt zur Halbierung des Bedarfs dieser Güter bei. Derselbe Effekt ließe sich erzielen, wenn zum Beispiel Textilien, Fahrzeuge, Möbel oder Elektrogeräte achtsam behandelt und die wichtigsten Reparaturen selbst ausgeführt werden würden, sodass sich deren Nutzungsdauer verdoppelte.

Unternehmen in der Postwachstumsökonomie

Viele der nach Ausschöpfung aller Suffizienz- und Subsistenzspielräume verbleibenden Bedürfnisse ließen sich in regionalen Ökonomien befriedigen. Regionalwährungen könnten

Kaufkraft an die Region binden. Die Vorteile einer geldbasierten Arbeitsteilung blieben innerhalb eines deglobalisierten und krisenresistenteren Rahmens erhalten. Darüber hinaus werden manche Bedürfnisse nur durch weiterhin überregionale Industrieproduktion zu befriedigen sein. In einem etwa um 50 Prozent reduzierten und graduell durch Regional- und Lokalökonomien substituierten Industriesystem würde die Neuproduktion von Gütern, die im Übrigen fern jeglicher geplanten Obsoleszenz, also langlebig und reparaturfreundlich sein müssten, eine untergeordnete Rolle spielen. Der Fokus läge auf dem Erhalt, der Um- und Aufwertung vorhandener Produktbestände, etwa durch Renovation, Optimierung, Nutzungsdauerverlängerung oder -intensivierung. Klassische Produzenten würden durch Anbieter abgelöst, die an Reparatur, Instandhaltung und Optimierung orientiert wären. Im Rahmen eines »Prosumentenmanagements« könnten Unternehmen Kurse oder Schulungen anbieten, um Nutzer dabei zu unterstützen, Produkte instand zu halten, zu warten und zu reparieren. Damit wird die Befähigung zur Subsistenz zu einer Unternehmensaufgabe. Dies senkt die Kapitalintensität der Wertschöpfung, weil arbeitsintensivere Verrichtungen dazu verhelfen, einer geringeren Produktionsmenge mehr Nutzenpotenziale zu entringen.

Infolge eines reduzierten Bedarfes an neuer Produktion würde weniger Einkommen, also auch weniger Arbeitszeit benötigt, sodass damit genau jene Zeitressourcen freigesetzt würden, aus denen sich eine moderne Existenz als Prosument speisen könnte. Der nötige Rest an industrieller Neuproduktion würde sich darauf beschränken, Güter zu ersetzen, die nach Ausschöpfung aller nutzungsdauerverlängernden Maßnahmen – durch Prosumenten, regionale Handwerksbetriebe und moderne Dienstleister – behutsam zu entsorgen sind. Eine solche Ökonomie, die ein nicht expandierendes materielles Versorgungsniveau erhält, pflegt und behutsam erneuert, wäre als »statisch« zu charakterisierten, würde aber nicht per se technischen Fortschritt unterbinden. Denn in die wenigen, erst nach langen Nutzungsphasen zu ersetzenden Objekte könnten zwischenzeitlich eingetretene Resultate von Forschung und Entwicklung einfließen.

Der Weg in die Postwachstumsökonomie ist vorgezeichnet, wenn nicht »by design«, das heißt proaktiv und vorsorglich gestaltend, dann eben »by desaster«, nämlich spätestens wenn globalisierte Fremdversorgungssysteme partiell kollabieren, etwa infolge fortschreitender Ressourcenverknappungen, Verschärfungen des Klimawandels, psychologischer Krisen (Reizüberflutung, Lernunfähigkeit infolge grassierender Aufmerksamkeitsdefizite, Burn-out, Depression) oder absehbarer Zusammenbrüche des Finanzsystems. Aber diese Krisen bieten eben auch die einmalige Chance, das Wachstumsregime zu überwinden. Das Wirtschaften und Leben in der Postwachstumsökonomie mag zwar von materieller Genügsamkeit und Sesshaftigkeit – Glück ohne Kerosin –

geprägt sein, ist aber krisensicherer, verantwortbar und vor allem stressfreier.

Natürlich würden die Entscheidungsträger in den Parlamenten politischen Selbstmord begehen, wenn sie über Schritte in Richtung Postwachstumsökonomie auch nur laut nachdenken würden. Deshalb bildet die dezentrale und autonome Entwicklung vieler Rettungsboote die weitaus realistischere Strategie. Mit den hierzu nötigen Übungsprogrammen könnten Unternehmen und Konsumenten bereits jetzt beginnen, nicht zuletzt auch im Sinne eines wohlverstandenen Selbstschutzes, um überlebensfähiger angesichts multipler Kollapsrisiken zu werden. Aber: Wenn solchermaßen postwachstumstaugliche Lebens- und Wirtschaftsstile zu häufig und von zu vielen Akteuren vorsorglich praktiziert werden, besteht die Gefahr, dass die heraufdräuenden Krisen am Ende vermieden werden. Das wäre viel zu radikal.

Erstmals erschienen 2015 im »Newsletter für Engagement und Partizipation« des Bundesnetzwerks Bürgerschaftliches Engagement (Heft 3).

LITERATUR

Heinberg, R. (2007): Peak Everything, Gabriola Island, New Society Publishers.

Layard, R. (2005): Die glückliche Gesellschaft, Campus, Frankfurt a. M.

Paech, N. (2008): Regionalwährungen als Bausteine einer Postwachstumsökonomie, in: Zeitschrift für Sozialökonomie 45, 158–159/2008, S. 10–19.

Paech, N. (2012): Befreiung vom Überfluss. Auf dem Weg in die Postwachstumsökonomie, oekom verlag, München.

Über die Autoren

Als Politiker und Publizist war **Erhard Eppler** (1926–2019) – neben seinem Engagement in der Friedensbewegung – einer der ersten, die auf die ökologische Krise und die Notwendigkeit zum Umdenken hinwiesen. Sein Buch »Ende oder Wende« (1975) trug wesentlich zur Entstehung und Entwicklung der Umweltbewegung in Deutschland bei.

Der Historiker und promovierte Germanist war einer der bedeutendsten Vordenker der SPD. 1968 bis 1974 war er Bundesminister für wirtschaftliche Zusammenarbeit. 1961 bis 1976 gehörte er dem Deutschen Bundestag an, danach bis 1982 dem baden-württembergischen Landtag. In seiner Partei bekleidete er bis in die 90er-Jahre hinein herausragende Ämter, unter anderem als Landesvorsitzender in Baden-Württemberg, Mitglied des Präsidiums und Vorsitzender der Grundwertekommission. Zusätzlich amtierte er als Präsident des Deutschen Evangelischen Kirchentags.

Niko Paech ist einer der profiliertesten Wachstumskritiker Europas und wurde mit seinem Buch »Befreiung vom Überfluss« (2012) zum führenden Vordenker der Postwachstumsökonomie im deutschsprachigen Raum.
Paech ist außerplanmäßiger Professor und war von 2008 bis 2016 als Vertreter des Lehrstuhls für Produktion und Umwelt (»PUM«) an der Carl von Ossietzky Universität Oldenburg tätig. Aktuell arbeitet er als Lehrbeauftragter an der Universität Siegen im Studiengang »Plurale Ökonomik« und im Rahmen diverser Forschungsprojekte. Zudem ist er Mitglied verschiedener Netzwerke und Einrichtungen im Nachhaltigkeitsbereich, unter anderem als Vorsitzender der Vereinigung für Ökologische Ökonomie (VÖÖ).

Christiane Grefe, die Moderatorin dieses Gesprächsbandes, gilt als eine der führenden Journalistinnen zu Umwelt- und Nachhaltigkeitsthemen in Deutschland. Sie arbeitete nach einem Journalismus- und Politikstudium unter anderem bei der ZEIT, der Süddeutschen Zeitung, GEO und der Wochenpost als Redakteurin und Reporterin. Seit 1999 ist sie Reporterin im Hauptstadtbüro der ZEIT.

Christiane Grefe ist zudem Autorin zahlreicher Sachbücher. Zuletzt erschien von ihr »Global Gardening. Bioökonomie – neuer Raubbau oder Wirtschaftsform der Zukunft?«.